인공지능과 영화 교육

인공지능총서

인공지능 시대입니다. 기계가 인간의 인지를 대신하고, 사물이 인간을 통하지 않고 다른 사물과 직접 커뮤니케이션합니다. 이에 따른 인간 삶과 문명 변화를 정확히 이해 · 예측 · 대응하는 것은 이 시대 우리 모두의 과제입니다. 인공지능총서는 인공지능 기술과 환경의 여러 주제를 10가지 키워드로 정리합니다. 관련 개념과 이론, 학계와 산업계의 쟁점, 우리 일상의 변화를 다룹니다. 인간과 기술의 현재, 미래를 세심히 분석합니다.

일러두기

- 인명, 작품명, 저서명, 개념어 등은 한글과 함께 괄호 안에 해당 국가의 원어를 병기했습니다.
- 외래어 표기는 현행 어문규정의 외래어표기법을 따랐습니다.

인공지능과 영화 교육

이아람찬 · 오세섭

대한민국, 서울, 커뮤니케이션북스, 2025

인공지능과 영화 교육

지은이 이아람찬 · 오세섭
펴낸이 박영률

초판 1쇄 펴낸날 2025년 4월 4일

커뮤니케이션북스(주)
출판 등록 2007년 8월 17일 제313-2007-000166호
02880 서울시 성북구 성북로 5-11
전화(02) 7474 001, 팩스(02) 736 5047
commbooks@commbooks.com
www.commbooks.com

ISBN 979-11-7307-972-6 03500

책값은 뒤표지에 표시되어 있습니다.

차례

미래 시대 영화 교육의 쟁점들

교육(敎育)은 사회의 변화와 함께한다. 시대에 따라 사람들의 인식과 가치관이 변하며 지식이나 논리, 역사적 진실 같은 것도 달라지기 때문이다. 과학이 진보하면서 새로운 사실이 드러나기도 하며 기술이나 시설, 장비가 발전하기도 한다. 교육은 이런 변화를 반영하고 이를 가르치면서 성장해 왔다. 하지만 변하지 않는 것도 있다. 학교나 교실과 같은 교육 장소, 교수자와 학습자라는 역할 관계, 지식과 기술을 가르치고 인격을 길러 준다는 교육의 기대 효과는 달라지지 않았다. 교육은 이러한 틀을 유지하면서 과거로부터 현재까지 오랫동안 지속되어 왔다.

그러나 2020년에 큰 위기가 찾아왔다. 바로 신종 코로나바이러스 감염증, 일명 코로나-19 때문이다. 한국전쟁 때도 멈추지 않았다는 학교는 팬데믹이 본격화하던 2020년 3월부터 약 한 달간 문을 닫았으며 4월이 되어서야 제한적인 수업이 가능해졌다. 그 결과 기존 교육 체계가 흔들리고 비대면 수업과 같은 새로운 방식의 교육이 도입되었다.

비대면 수업은 교수자와 학습자 모두에게 놀라운 경험이었다. 동시에 수많은 질문이 생겼다. 이것은 과거와 다른 수업 환경을 맞닥뜨린 생소함 때문이기도 했다.

일례로, 비대면 수업에서 교수자는 어디를 바라보며 말을 해야 할까? 교수자가 모니터상의 학습자를 바라보면서 설명을 한다면 반대편의 모니터 앞에 있는 학습자들은 교수자가 다른 곳을 보면서 말한다고 느낄 것이다. 일반적으로 노트북의 카메라는 모니터 프레임 위쪽에 설치되어 있기 때문이다. 반면에 교수자가 카메라를 보면서 말한다면 학습자는 교수자가 자신들을 바라보며 수업을 한다고 생각하겠지만 정작 교수자는 학습자들의 얼굴을 보지 못한다. 이것은 카메라와 모니터를 사이에 두고 만나는 교수자와 학습자의 관계를 보여 주는 상징적인 모습이다. 서로가 눈을 마주치지 못하는 상황, 이로 인한 수업에서의 관계성 약화. 그러나 교육 현실은 이보다 더 복잡하고 난해했다. 만약 수업 도중 카메라가 고장 나거나 마이크가 작동하지 않는다면 어떻게 수업을 진행해야 하는가? 학습자가 모니터 속 교수자를 보지 않고 모니터에 새로운 창을 열어 게임을 한다면, 모니터 뒤의 교수자는 그 사실을 알 수는 있을까? 어떤 교과의 경우, 교수자가 직접 시범을 보여야 하거나 학습자의 자세와 동작을 확인하고 교정해야 할 수도 있다. 이런 과목이라면 비대면 교육에서 어떤 교수법을 사용해야 할까?

이렇듯 코로나 팬데믹 시대의 비대면 교육은 기존의 교수법을 무위로 만드는 상황을 초래했다. 교수자와 학습자 간의 접점이 사라지면서 교수자의 위상은 약해졌고 학습자와의 관계는 점점 느슨해졌다. 시간이 지날수록 유튜브 동영상 시청과 온라인 검색이 수업을 대신하는 것처럼 보였다.

그러던 2023년 5월, 코로나 팬데믹에서 벗어나 일상을 회복했다. 마스크를 벗은 교사와 학생은 다시 예전으로 돌아갈 수 있을 줄 알았다. 하지만 이번에는 인공지능 기술이 새로운 변화를 초래했다. 사람들은 2016년에 열린 바둑 기사 이세돌과 바둑 인공지능 프로그램인 알파고(AlphaGo) 간의 대국을 통해 이미 인공지능의 발전과 성취를 지켜보았다. 그 뒤 2022년 11월에 등장한 대화형 인공지능 서비스 챗지피티(ChatGPT)-3.5 그리고 2023년 4월에 등장한 챗지피티-4가 보급되면서 앞으로 전혀 다른 개념의 교육이 펼쳐질 것이라는 사실을 깨닫게 되었다.

이제 교육은 인공지능에 관한 교육(teaching about

AI)과 인공지능을 통한 교육(teaching with AI), 이렇게 두 가지 방향으로 진행되고 있다. 즉, 새롭게 등장한 인공지능 기술을 배우는 교육과 인공지능 기술을 교육에 활용하는 법을 배우는 것이다. 이를 위한 교육 체계, 학습 과정, 교육 내용은 이제 새롭게 만들어 가야 한다. 물론 시행착오도 기다리고 있을 것이다. 기술적 문제, 사회 제도, 윤리적 문제와 사람들의 인식 변화 등 다양한 상황이 펼쳐질 수도 있다. 그럼에도 불구하고 이 모든 가능성을 고려하여 새로운 개념의 교육 계획을 수립해야 할 것이다.

영화 교육의 역사와 쟁점

청소년을 대상으로 하는 영화 교육은 언제부터 시작되었을까? 예술 고등학교의 전문 실기 교육을 제외하고 일반 청소년을 대상으로 영화 교육의 필요성이 대두된 것은 1980년대다. 당시 VCR(video cassette recorder)이 등장하고, 비디오 대여업이 시작되면서 리터러시 차원의 보호와 규제 인식이 생겨났다. 이후 영화 바로 보기와 같은 리터러시 교육, 가정용 비디오카메라 보급에 따른 제작 교육으로 확장되기 시작했다. 시기마다 영화 교육의 중점이 바뀌었으며 그에 따른 쟁점도 달라졌다.

1980년대 영상 문화의 시작: 불법 비디오와 청소년 보호

1979년 제10회 전자박람회에서 금성, 대한전선(대우), 삼성 등 가전 3사가 국내 최초로 VCR을 선보였다. 이후 1981년 문화공보부가 '음반에 관한 법률 개정안'에 비디오 소프트 관련법을 포함하면서부터 비디오 시장이 형성되기 시작했다(오세섭, 2016).

문제는 산업적 차원에서 하드웨어인 VCR은 만들어졌지만 소프트웨어라 할 수 있는 비디오 콘텐츠가 뒷받침되지 않았다는 점이다. 그리하여 해외여행자나 외국 거주 교포들이 가지고 들어온 비디오테이프, 미군 부대와 PX에서 유출된 비디오테이프, AFKN이나 일본 방송을 녹음한 불법 녹화 테이프 등이 유통되기 시작했다(이승정, 1989).

이런 상황에서 1986년 12월, 공연윤리위원회가 『불법 비디오 실태 보고서』를 발표했다. 보고서에 따르면 1985년 한 해 동안 총 420만 개의 비디오테이프가 유통되었으며 전체 80%에 이르는 336만 개가 폭력, 외설 불법 비디오였다(동아일보, 1986.12.9). 이어서 서울시 교육위원회가 200명의 중학생과 200명의 고교생을 대상으로 무작위 설문 조사를 진행했는데 이들 중 70~80%가 불량 성인 비디오를 본 적이 있다는 결과를 발표했다(동아일보, 1986.12.17).

공연윤리위원회와 서울시 교육위원회의 보고서를 통해 불법 비디오가 청소년에게 악영향을 끼칠 수 있다는 인식이 퍼지면서 시민 사회도 다양한 활동을 전개했다. 전국주부교실중앙회를 비롯한 여성 단체, 학부모 단체는 거리에 모여 불법 비디오 추방 캠페인을 개최했으며 한국가톨릭교회의 살레시오회 그리고 기독교 기반의 서울YMCA에서는 리터러시 개념의 영화 교육을 실시했다.

1990년대 영화 교육: 제작 교육과 자기표현

1980년대의 영화 교육이 불법 비디오로부터 청소년을 보호하자는 취지의 규제 중심으로 진행되었다면 1990년대 영화 교육은 영상 미디어를 이용해 자신을 표현할 수 있는 역량을 키우기 위한 교육으로 확장되었다. 이것은 영상 기술의 발전과도 관련이 있다.

1990년대 들어 8mm 캠코더 등 가정용 비디오카메라가 보급되면서 누구나 쉽게 영상 제작에 참여할 수 있게 되었다. 또한 영화 산업이 융성하면서 한국 사회 전반에 영상 문화가 자리 잡게 되었다. 이에 따라 1980년대까지 좋은 영화 감상법과 같은 수용자 중심의 영화 교육은 제작 교육으로 변모하게 된다.

이러한 청소년 영화 교육은 주로 시민 단체 주도로 진행되었다. 특히 서울YMCA는 1980년대부터 청소년 영화 교육에 관심을 갖고 있었다. 그리하여 1980년대 말 청소년 영화아카데미와 청소년 영상클럽을 만들고 영화 이해, 감상과 비평 교육을 실시했다. 이러한 경험을 바탕으로 1990년대에는 청소년 영상 제작 교육과 어린이 영화 제작 캠프를 개최했다. 또한 청소년 비디오축제(1994), 청소년영상페스티벌(1998)과 같은 청소년 영화제를 기획하기도 했다.

한국가톨릭교회 살레시오회에서는 돈보스코 정보문화센터를 중심으로 영상 교육을 실시했다. 이곳에서는 미래 방송인 교육과 영상 캠프 교실을 마련했는데, 미래 방송인 교육은 영상 이론과 제작을 교육하는 프로그램이었으며, 영상 캠프 교실은 지역을 찾아다니며 지역 주민 및 청소년을 대상으로 영상 교육을 실시했다.

한편 영상 미디어에 관심을 가진 전국의 교사들이 모여 결성한 참교육영상집단은 청소년 미디어 교육, 청소년 영상 제작 활동 지원, 서울국제청소년영화제(1999) 개최 등 실천적 활동을 전개했으며 독립영화협의회에서도 고딩영화제(1998)를 개최하고 청소년 영화 교육을 실시했다.

2000년대 영화 교육: 청소년 영화제와 학교 문화 예술 교육

1990년대 말 처음 개최한 청소년 영화제는 2000년대 들어 전성기를 맞게 된다.

1997년부터 돈보스코청소년영상제를 시작으로 고딩영화제(1998), 청소년영상페스티벌(1998), 서울국제청소년영화제(1999), 한국청소년영화제(1999)가 개최되었으며 2000년 이후에는 대한민국청소년영화제(2000), 대한민국청소년미디어대전(2001), 대한민국청소년영상대전(2003), 아시아국제청소년영화제(2004) 등 전국에서 다양한 형태의 청소년 영화제가 열렸다.

이들 영화제를 개최한 단체는 영화제와 영화 교육 프로그램을 병행했다. 영화 교육 프로그램을 통해 청소년을 키우고 그 청소년이 모여 작품을 제작한 뒤 영화제에서 상영하는 시스템을 구축하고자 했기 때문이다. 그리하여 돈보스코청소년영상제를 개최했던 살레시오회의 돈보스코 정보문화센터는 돈보스코 청소년 방송국을 개국하고 돈보스코 영상특성화대안학교를 개교했으며 고딩영화제를 개최했던 독립영화협의회에서는 청소년 영화 교육과 영화 제작 지원을 위해 청소년영상미디어센터를 개설했다. 청소년영상페스티벌을 주최한 서울 YMCA에서는 청소년영화아카데미, 청소년영상제작워크숍을 개최했고 대한민국청소년미디어대전을 기획한 서울시립청소년미디어센터(스스로넷)는 영상 대안 학교, 영화 동아리, 영상 캠프를 개최하고 정기적으로 영화 교육을 실시했다.

2000년대 영화 교육의 한 축이 청소년 영화제와 연계해 제작과 상영이라는 순환 구조 안에서 진행되었다면 또 다른 축은 한국문화예술교육진흥원의 학교 영화 교육이라 할 수 있다.

2004년부터 시작된 학교 영화 교육은 영화 강사를 초·중·고등학교에 파견하여 수업 시간에 영화 교과를 가르칠 수 있도록 한 문화 예술 교육 프로그램이다. 2005년 「문화예술교육지원법」이 공표되고 한국문화예술교육진흥원이 설립되면서 수업 시간에 음악과 미술을 배우듯 학교에서 영화를 배울 수 있게 되었다. 학교 영화 교육의 시작은 그동안 학교 밖에서 진행되었던 영화 교육이 학교 안으로 들어오게 되었다는 점에 의의가 있다. 이후 청소년 영화 교육은 시민 단체보다는 학교와 미디어센터처럼 공공 기관 주도로 진행되는 경우가 많아졌다.

2010년대 영화 교육: 스마트폰의 활용과 저작권 교육

2010년대에 들어서면 한국문화예술교육진흥원의 학교 영화 교육 프로그램뿐만 아니라 2000년대 이후 설립되기 시작한 지역의 영상미디어센터에서도 영화 교육이 실시되었다. 그리하여 청소년이나 시민들은 자유롭게 영화를 배울 수 있는 기회를 갖게 되었다.

여기에 중요한 역할을 한 것이 스마트폰이다. 2010년 하반기 국내에 출시된 스마트폰은 빠르게 미디어 분야를 장악했다. 영화 교육에서 스마트폰은 비디오카메라와 편집 프로그램을 대체할 수 있는 실용성과 보편성을 가지게 되었다. 그리하여 스마트폰으로 촬영을 하고 스마트폰으로 편집할 수 있는 체계가 갖춰졌으며 영화 교육에서도 적극적으로 스마트폰을 활용하게 되었다. 또한 완성된 작품을 유튜브로 상영하는 등 기존의 오프라인 상영회를 벗어나 새로운 환경에서 작품을 감상할 수 있게 되었다.

한편 이 시기에는 과거에는 다루지 않았던 새로운 개

념이 영화 교육에 추가되기도 했다. 그것은 바로 저작권과 인격권이다. 디자인, 글자체, 이미지, 음악 등의 저작권을 존중해 영상물을 제작하는 풍토가 마련되었으며 초상권이라든지 개인 정보 존중에 대한 인식이 생겨났다.

이제는 영화를 만들 때 저작권과 초상권을 지켜야 하며 이를 어기면 도덕적 지탄과 함께 법적 처벌, 손해 배상까지도 책임져야 한다. 영화 교육에서도 중요한 학습 내용으로 이를 다루고 있다.

2020년대 영화 교육: 비대면 교육과 인공지능 기술 활용

스마트폰은 새로운 교육 기회를 제공했다. 이제 영화 교육은 한국문화예술교육진흥원의 학교 영화 교육이나 영상미디어센터의 영화 교육 프로그램과 같은 대면 교육뿐만 아니라 유튜브 콘텐츠를 시청하는 방식으로 변화하고 있다.

더욱이 코로나 팬데믹으로 인해 비대면 교육에 대한 경험치가 상승했고 온라인 콘텐츠에 대한 의존도도 높아졌다. 유튜브를 비롯한 웹사이트는 기존의 교육 체계를 대신할 만큼 방대한 교육 콘텐츠를 보유하고 있는 상황이다. 그리하여 영화에 관심 있는 청소년은 스마트폰으로 유튜브를 검색하여 필요한 내용을 습득한 뒤 스마트폰의 촬영과 편집 기능을 이용해 영상물을 제작한다. 그리고 완성한 작품은 유튜브나 SNS(social network service)에 올리고 사람들의 반응을 실시간으로 확인한다. 여기에 인공지능 기술이 발전하면서 영화 제작에 획기적인 전기가 마련되었다.

2020년대 영화 교육에서 가장 중요한 화두는 인공지능 기술의 접목이다. 대화형 인공지능 서비스를 이용해 시나리오를 작성할 수 있으며 인공지능 프로그램을 이용해 원하는 음악을 만들 수도 있다. TTV(text to video) 프로그램을 이용하면 문자를 입력하는 것만으로도 원하는 영상물을 제작할 수 있다. 최근에는 소라(Sora), 브이-제파(V-JEPA), 제미나이(Jemini), 젬마(Gemma), 스테이블 디퓨전(Stable Diffusion) 등 생성형 멀티모달(Multimodal) 모델이 등장했다. 제1세대 생성형 인공지능이 TTI(text to image), TTV, TTM(test to music) 등 분야별 생성형 인공지능 모델을 찾아 따로 작업을 해야 했다면, 멀티모달 모델은 텍스트, 이미지, 오디오, 비디오 등 다양한 유형의 데이터를 한 번에 종합적으로 처리할 수 있으며 영화 제작에 적합하다.

문제는 인공지능 시대를 맞이한 영화 교육의 방향이다. 이러한 기능이 기존의 시나리오 작성, 촬영과 편집 기술을 대체한다면 혹은 멀티모달 모델을 통해 통합적인 제작이 이루어진다면 지금의 영화 교육 또한 새로운 형태로 변모할 수밖에 없다. 인공지능에 관한 영화 교육(film teaching about AI), 인공지능을 통한 영화 교육(film teaching with AI) 등 인공지능 기술과 연계한 영화 교육의 방향을 생각해야 한다. 아울러 인공지능 영화 교육에서 편성해야 할 학습 영역과 내용은 무엇인지 논의가 필요한 시점이다.

인공지능 영화 교육의 쟁점

2024년에 열린 몇몇 어린이 · 청소년 영상 공모전을 보면 과거와 확연히 달라진 요소가 있다. 우선 시나리오, 영상, 음악에 인공지능 기술을 사용했는지 표시하는 항목이 새롭게 생겼다. 더 나아가 공모전 전체가 인공지능 혹은 신기술이라는 이름하에 인공지능 프로그램으로만 제작한 작품을 받는 경우도 있다. 인공지능 기술이 발전하면서 누구나 혼자서도 쉽게 영상물을 제작할 수 있는 시대가 도래한 것이다.

대부분의 사람은 이러한 발전에 놀라워하며 가까운

미래에 인공지능 기술이 영화 제작을 대체할 수 있을 거라 말한다. 하지만 동시에 인공지능 기술 자체와 그 기술로 만든 영상물에 대한 불신도 가지고 있다. 이런 상황과 마주하면서 여러 가지 문제가 쟁점으로 떠오르고 있다.

우선 인공지능 기술로 만든 영상물의 주체가 누구인가에 대한 문제다. 구체적으로는 인간의 상상력과 노력으로 만든 영상물과 지시어에 따라 인공지능이 만든 영상물을 비교했을 때 인공지능이 과연 창조성을 인정받을 수 있는가 하는 점을 말하는 것이다. 만약 인공지능이 만든 영상물이 창조성과 예술성을 인정받으려면 프롬프트(prompt)가 단순한 지시어에 그치지 않고 창조적 역량을 담고 있다는 것이 드러나야 할 것이다. 그렇다면 인공지능 시대의 영화 교육은 촬영 기술을 가르치는 것뿐만 아니라 영화 제작에 알맞은 지시어 작성법을 배우고 실습하는 식으로 바뀌어야 할 수도 있다. 그렇다면 이것은 영화 교육일까 아니면 컴퓨터 교육일까? 현재 활동하는 영화인, 영화학계, 영화를 배우고 싶어 하는 학생들은 이런 교육을 영화 교육이라고 인정할 수 있을까?

또 다른 쟁점도 있다. 인공지능 기술의 도움을 받아 만든 영상물의 저작권은 누구에게 있는지에 관한 문제다. 이것도 앞서 언급한 창조성이나 고유성과 관련이 있다. 시나리오 작가가 쓴 시나리오와 지시어를 입력하고 인공지능이 만든 시나리오는 똑같이 저작권을 인정받을 수 있을까? 저작권을 인정받는다면 그건 지시어를 입력한 사람의 것일까? 인공지능의 것일까?

이 문제는 현재의 인공지능 기술이 창작 능력을 갖는다기보다는 빅 데이터를 바탕으로 기존의 시나리오 문법과 장르적 특성에 따라 알맞은 답변으로서 시나리오를 내놓는다는 특성을 지적한 것이기도 하다. 단순화해서 말하면, 검색 사이트에 검색어를 입력해서 나온 자료와 정보가 사용자의 것이 아니듯 인공지능 사이트에 지시어를 입력해서 만든 시나리오 또한 수많은 시나리오의 조합일 뿐이라는 문제 제기가 가능하다는 뜻이다.

이러한 쟁점은 단순하게 해결될 수 있는 문제가 아니다. 얼마나 인공지능 기술에 의지했는지 핵심 아이디어는 누구의 것인지에 따라 모두 다를 것이다. 그리고 이것을 정확하게 판별할 수 있는 기준을 만들기도 어렵다. 드넓은 온라인의 바다에서 저작권의 변별력을 갖기 힘들 수도 있다. 여기서 교육의 역할을 다시 떠올릴 필요가 있다.

교육이 단순히 지식을 전달하는 역할만 맡는다면 일찌감치 유튜브나 검색 사이트에 자리를 내줬을 것이다.

하지만 교육은 지식의 전달뿐만 아니라 학습자의 인성, 인격의 성숙을 담당한다. 교수자도 마찬가지다. 학교에서 교사는 단순히 가르치는 것 이상의 역할을 하고 있다. 어떻게 보면 인공지능이 모든 것을 다 하는 것처럼 보이지만 실제 그 인공지능 기술을 사용하는 주체는 인간이며 교수자는 그 인간이 성장할 수 있도록 돕는 역할을 한다. 그리고 인공지능과 학습자 사이에서 지렛대 역할을 해야 하는 사람이기도 하다.

이렇듯 인공지능과 접목한 영화 교육은 인공지능 기술의 발전에 따라 학습 내용이 새로워지고 학습자가 이를 받아들이는 과정에서 교수자가 균형을 유지하는 형태로 변모하게 될 것이다.

이 책의 구성

이 책은 인공지능 기술의 발전에 따른 영화 교육의 변화를 담았다. 인공지능을 다룬 학습 내용과 인공지능을 이용한 교수법은 무엇인지 설명하고 영화 교육의 범위와 관점이 어떻게 달라지는지 정리하고자 했다.

머리말에서는 우리나라 영화 교육의 역사와 변천 과정을 살펴보았다. 최근 코로나 팬데믹으로 인한 교육의 유연화 경험이 인공지능 기술과 결합한 새로운 영화 교육의 토대가 되었다는 점을 설명했다. 그리고 이 과정에서 도출한 영화 교육의 쟁점은 무엇인지 제시했다. 이하 각 장의 내용은 다음과 같다.

1장에서는 현재의 인공지능과 영화 교육, 인공지능 기술과 접목한 영화 교육의 형태를 개괄했으며, 2장에서는 대화형 인공지능 프로그램을 이용한 영화 이론 교육에 대해 설명했다. 3장에서는 인공지능 시대의 영화 감상 교육 환경을 소개하고 과거와 다른 감상 교육 방법론을 살펴보았으며, 4장에서는 대화형 챗봇을 활용한 시나리오 쓰기 교육을 다뤘다. 5장과 6장은 촬영 교육에 관한 장으로 5장에서는 인공지능 카메라와 버추얼 프로덕션에서의 촬영 교육을 소개했으며, 6장에서는 카메라가 없는 촬영, 즉 TTV와 멀티모달 모델에 따른 촬영 교육을 제안했다. 7장에서는 인공지능을 이용한 편집, CG, 색보정 작업을 소개하고 이를 위한 교육법을 제시했고, 8장에서는 인공지능 시대의 영화 리터러시 교육의 범위와 내용을 다뤘다. 9장에서는 인공지능이 불러온 윤리적 쟁점을 영화 교육에서 어떻게 다룰 것인가에 관한 내용을, 10장에서는 인공지능과 영화 교사의 미래에 대해 논했다.

참고문헌

국립국어원 표준국어대사전. https://stdict.korean.go.kr

권미정(1995). 90년대 한국영화의 제작방식 연구: 자본과 인력의 변화, 그 영향을 중심으로. 동국대학교 석사 논문.

권승태(2024). 『시각 예술과 인공지능』. 커뮤니케이션북스.

김미현 외(2006). 『영화산업 부가시장 활성화 방안 연구-비디오/DVD 시장을 중심으로』. 영화진흥위원회.

동아일보(1986.12.9). 시중 유통 비디오테이프 90%가 불법. ≪동아일보≫.

동아일보(1986.12.17). 서울시내 중고생 70-80% 음란비디오 책 등 본적 있다. ≪동아일보≫.

대통령실 브리핑(2023.5.11). 尹 대통령, 코로나19 '완전한 일상회복' 선언. 대통령실.

심은록(2024). 『AI영화 제작론』. 북바이북.

오세섭(2016). 영상 미디어를 통한 청소년의 자기표현. 중앙대학교 박사 학위 논문.

오세섭(2023). 코로나 팬데믹으로 인한 영화교육의 변화: 수업 방식에 대한 사고의 유연화 경험을 중심으로. ≪영화연구≫, 95호.

이승정(1989). 향락적 대중매체-비디오문화의 실태와 대책. ≪성심생활≫, vol.8.

OpenAI. https://openai.com

01
영화 교육에 스며든 인공지능 기술

인공지능 기술이 갑자기 등장한 건 아니다. 현재의 인공지능 기술은 그동안 사람들이 사용해 왔던 기술이 좀 더 발전한 것뿐이다. 따라서 인공지능 기술과 접목한 영화 교육을 낯설게 볼 필요는 없다. 단지 기존의 교육 패러다임이 조금 바뀌었다고 생각하면 된다. 중요한 건 이를 이해하여 현명하게 사용하는 것이다.

영화 교육의 내용 체계와 교수법

영화 교육의 내용 체계는 이해, 제작, 감상으로 구성되어 있다.

이해 영역은 개념 정리와 지식 습득을 중심으로 한다. 영화 사조, 영화사와 같은 역사적 사실을 배우고 영화 용어나 영화 이론을 이해하는 영역이다. 제작 영역은 실습과 창작으로 이루어져 있다. 시나리오 실습, 촬영 실습, 조명 실습, 편집 실습, 음향 실습 등 분야별 기술을 배우고 실습을 통해 전문 능력을 키운다. 또한 제작 워크숍을 통해 극영화, 다큐멘터리, 뮤직비디오 등의 영상물을 만드는 과정이다. 이때 제작 파트별로 스태프가 참여하여 자기 전공 분야의 작업을 담당한다. 감상 영역은 영화를 감상하고 분석, 비평하는 시간이다. 일반적으로 감상 수업은 작품을 감상하고 비평함으로서 작품의 본질을 이해하는 한편, 학습자의 분석 능력을 키우고 비평을 위한 관점과 글쓰기 능력 배양을 목적으로 한다. 때로는 이해 영역이나 제작 영역에서 학습 목적에 따라 감상 수업을 진행하기도 한다. 예를 들어, 이해 영역에서는 영화 사조의 특징을 살펴보거나 영화사의 중요한 계기를 확인하기 위해 해당 영화를 감상할 수 있다. 제작 영역에서는 영화를 준비하면서 참고용으로 다른 작품을 감상하기도 한다.

그동안 영화 교육에서는 내용 영역에 따라 각각 다른 교수법을 적용했다. 영화 개론, 영화사, 영화 이론을 가르치는 이해 영역에서는 주로 설명식으로 수업하는 경우가 많았다. 지식을 전달하고 개념을 설명하는 데 적합했기 때문이다. 주제에 따라서는 발표식 수업이나 토의식 수업을 덧붙이기도 했다. 제작 영역에서는 참여형 수업이나 프로젝트 기반 학습(project based learning: PBL)을 사용했다. 참여형 수업이란 실습을 의미하며 영화 제작에 필요한 각종 장비, 프로그램을 익히기 위한 교수법이었다. 학습자 중심 수업인 프로젝트 기반 학습은 제작 워크숍과 같은 창작 활동에 적합했다. 감상 영역에서는 감상을 주된 교수법으로 사용하면서 발견 학습이나 토의식 수업을 곁들이는 경우가 많았다. 즉, 영화 감상 후 발견 학습을 통해 분석한 내용을 발표하고 이를 다른 학습자와 토의하는 시간을 갖는 것이다.

이렇게 영화 교육은 이해, 제작, 감상 영역으로 구분하여 각각에 알맞은 교수법을 활용했다. 그러나 인공지능 기술이 발전하면서 기존의 학습 내용과 교수법에 변화가 생기기 시작했다.

인공지능에 관한 영화 교육, 인공지능을 통한 영화 교육

몇 년 전부터 인공지능과 영화 교육에 대한 관심이 높아지는 추세다. 그리하여 대학교는 물론 고등학교에서도 인공지능 관련 영화 수업이 이루어지고 있으며 지역의 문화 센터나 영상 미디어 센터에서도 시민을 대상으로 하는 인공지능 영상 교육이 각광받고 있다. 이렇게 진행되는 교육 프로그램의 대부분은 인공지능에 관한 영화 교육(film teaching about AI)이라 할 수 있다.

인공지능에 관한 영화 교육이란 현재 활용하고 있는 인공지능 기술을 소개하고 익히는 교육을 말한다. 예를 들어 인공지능 기술을 이용한 시나리오 교육이라고 하면, 시나리오 · 문서 작성 프로그램인 파이널 드래프트(Final Draft)라든지 드라마티카(Dramatica), 스크리브너(Scrivener)의 활용법을 가르치는 교육이다. 대개 프로그램 매뉴얼과 기능을 소개하고 사용 방법을 설명하고 일정 시간 실습을 한 뒤 실습 과제를 완료하는 식으로 교육 과정이 구성되어 있다.

이런 프로그램을 배우는 것이 시나리오 작성에 도움이 되는 건 사실이지만 엄밀히 말해서 이것은 어디까지나 프로그램 교육일 뿐이다. 시나리오를 작성하는 법 자체는 알려 주지 않으며 시나리오 창작에 필요한 상상력이나 창의성을 키워 줄 수도 없다. 따라서 시나리오 창작법을 배우고 싶다면 또 다른 수업을 들어야 하는 상황이 생긴다. 그렇다면 인공지능과 연계된 시나리오 수업은 이렇게 시나리오 작성 프로그램 교육과 시나리오 창작 교육으로 나뉘어야만 할까?

여기에 인공지능을 통한 영화 교육이라는 개념이 등장한다. 인공지능을 통한 영화 교육은 단순히 인공지능 프로그램 사용법을 배우는 것이 아니라 이를 적절히 활용하면서 본래 추구했던 교육 목표도 함께 달성하려는 수업이다.

그러므로 인공지능을 통한 영화 교육에서의 시나리오 수업은 시나리오 수업이 목표하는 내러티브 구축이나 캐릭터 설정, 시나리오 최종 완성을 꾀하면서도 파이널 드래프트 같은 프로그램 사용법을 익혀 시나리오를 창작하는 데 도움이 될 수 있도록 활용하는 것이다. 인공지능 기술이 탑재된 시나리오 작성 프로그램은 등장인물의 수라든지 등장 횟수, 대사량 등 학습자가 일일이 기억하기 어려운 여러 자료를 학습자에게 제공할 수 있다. 또한 시나리오 쓰기 과정에서 이야기 구조가 잘못된 방향으로 흐를 때 기준점을 제시할 수도 있다. 이렇게 되면,

인공지능을 통한 시나리오 교육의 학습자는 프로그램의 도움을 받아 좀 더 수월하게 시나리오를 쓸 수 있다.

인공지능과 미래의 영화 교육

지금까지의 인공지능 영화 교육이 주로 인공지능에 의한 영화 교육이었으며 이제 인공지능을 통한 영화 교육을 꾀하고 있는 상황이라면, 앞으로의 인공지능 영화 교육은 여기서 한 발 더 나아가 영화 교육 자체에 인공지능 기술이 개입하는 방식이 될 것이다.

이를테면 수업에 앞서 학습자의 수업 참여도를 높일 수 있도록 인공지능 기술을 통해 교육 과정을 재구성할 수 있으며 수업에 참여한 학습자의 역량을 분석하여 차시별 학습 내용 난이도를 재설정할 수도 있다. 이 경우 인공지능 기술은 더 이상 교육의 보조자가 아니며 교수자, 학습자와 동등한 교육 참여자가 될 것이다. 이를 가리켜 인공지능에 의한 영화 교육(film teaching by AI)이라 부를 수 있다.

사실 인공지능에 의한 영화 교육은 낯선 개념이 아니다. 지금도 다양한 분야에서 인공지능에 의지한다. 주식 시장에서는 딥 러닝을 통해 경제 판도를 분석하고 투자 시점을 판단한다. 우주 항공 분야에서는 우주선이 맞닥

뜨릴 다양한 상황을 분석하여 위험을 해소하기도 한다. 지금도 지구상의 수많은 사람이 인공지능 기술을 이용해 업무의 성과를 높이고 있다.

하지만 누군가는 이런 업무와 교육은 다르다고 말할 수도 있다. 인공지능 기술에 의존하여 커리큘럼을 구성하고 학습 콘텐츠를 구성하며 평가에 이르는 것에 거부감이 들지도 모른다. 교육은 인간을 길러 내는 것이기 때문이다. 이러한 교육 분야에 인공지능이 과도하게 개입하는 것은 옳지 않다고 생각할 수도 있을 것이다.

여기서 다시 교육이란 무엇인지 생각해 볼 필요가 있다. 교육은 지식을 전달하고 인격을 키우는 것이다. 사람을 사람답게 만드는 실천 행위이기도 하다. 이 기준에 부합하는 교육이 되기 위해서 인공지능 기술을 적극적으로 활용할 수 있지만 그 기준의 설정과 최종 판단은 결국 사람이 할 수밖에 없다. 그러므로 교육은 인공지능의 것이 아니라 인간의 책임으로 돌아온다.

이것은 각종 프로그램과 장비로 가득한 영화 교육에 교수자가 왜 필요한가? 라는 질문의 답과도 연결된다.

영화는 산업의 산물이지만 예술의 한 형태이기도 하다. 그래서 외형적 완성도가 높은 작품보다는 조금 엉성하지만 빛나는 주제 의식이나 기발한 아이디어를 가진 영화가 더 좋은 평가를 받기도 한다. 결국 이를 판단할 수 있는 것은 인간이며 인공지능 기술이 도달할 수 없는 인간만의 아우라(aura)를 갖고 있기 때문에 필연적인 일이기도 하다. 마찬가지로 인공지능에 의한 영화 교육은 많은 부분에서 인공지능 기술을 활용한다고 해도 결국 인간에 의해서 진행되며 교육의 주도권 또한 인간에게 있을 수밖에 없다.

미래의 영화 교육은 결국 인공지능에 의한 영화 교육으로 변화할 것이다. 이때는 영화에 관한 교육뿐만 아니라 인공지능에 의지하면서도 올바른 선택을 할 수 있는 판단 교육이 병행되어야 할 것이다.

참고문헌

국립국어원 표준국어대사전. https://stdict.korean.go.kr

권승태(2024). 『시각 예술과 인공지능』. 커뮤니케이션북스.

오세섭(2022). 『청소년 영화교수학습방법』. 커뮤니케이션북스.

이아람찬 · 오세섭 · 장다나 · 박성현 · 정재성(2019). 『청소년 영화교육 기본 계획 연구』. 영화진흥위원회.

02
인공지능과 대화하는 이론 교육

영화 교과에서 이론 교육은 주로 영화 언어라든지 영화사, 영화 이론에 관한 지식을 다루는 경우가 많다. 이 과정에서 대화형 인공지능 서비스를 활용하면 좀 더 깊이 있는 정보를 얻을 수 있으며 학습자가 원하는 추가 학습도 가능하다. 마치 교수자와 일대일 수업을 하는 것 같은 효과를 거둘 수 있다.

이론 교육의 내용

이론 교육은 영화 교육의 내용 체계인 이해, 제작, 감상 중에서 이해 영역에 해당한다. 이해 영역은 일반적으로 영화의 입문에 해당하는 영화 개론이라든지 한국 영화사, 세계 영화사, 아시아 영화사와 같은 영화의 역사, 이탈리아 네오리얼리즘이나 프랑스 누벨바그, 코리안 뉴웨이브와 같은 영화 사조 그리고 정신 분석학이나 기호학, 구조주의, 페미니즘 등의 이론을 통해 작품을 분석하고 영화 현상을 해석하는 영화이론 등의 학문을 배운다.

이해 영역의 학문은 대개 문헌 연구를 기반으로 하며 방대한 정보와 자료를 바탕으로 한다. 용어와 개념을 이해해야 하며 역사적 사실이나 작품 정보를 외워야 하는 경우도 많다. 그러다 보니 설명식 수업 형태로 이루어지며 교수자의 일방적인 지식 전달에 머물기도 한다. 학습자의 입장에서는 영화 수업에서 기대했던 영화 감상, 작품 제작의 즐거움 대신 지루하고 따분한 시간처럼 느낄 수도 있다.

그러나 이해 영역에서 다루는 내용은 영화를 여러 관점에서 이해할 수 있도록 도와준다. 영화 개론을 통해 영화에 대한 기본 개념을 이해할 수 있으며 영화사에서는 작품의 발전과 감독의 등장, 영화 산업의 변화 양상을 살

필 수 있다. 영화 사조도 마찬가지다. 내가 좋아하는 영화가 어디서 시작되었으며 어떤 식으로 발전했는지 그리고 지금 흥행한 영화가 어떤 작품의 영향을 받았는지 알 수 있다. 영화 이론을 통해서는 사람마다 모두 다른 관점을 가지고 있으며 이 관점에 따라 똑같은 영화도 다르게 해석할 수 있음을 보여 준다. 이렇게 이론 교육은 영화 자체에 대한 교육이며 영화를 배우는 첫 발자국이다.

무슨 교재를 선택하고 어떤 교수자를 만나느냐에 따라 배울 수 있는 내용과 범위가 달라지기 때문에 교수자의 영향이 큰 영역이라 할 수 있다.

인공지능과 이론 교육

학습자의 입장에서는 이론 영역의 학문을 공부하면서 추가적인 지식이 필요하거나 좀 더 자세한 설명이 필요할 수 있다. 기존 수업에서는 수업 시간에만 교수자와 만날 수 있으며 수업 시간이라고 해서 자유롭게 질의응답을 할 수는 없다. 그리하여 지금까지 학습자들은 교수자에게 묻고 싶은 것이 있을 때, 직접 사전을 찾아보거나 인터넷 검색을 통해 원하는 내용을 찾으려 했다.

그러나 이제는 인공지능 기술의 도움을 받을 수 있다.

현재 상용화되어 있는 인공지능 서비스는 학습자가 이론 영역의 교과 내용을 공부하면서 도움을 받을 수 있는 서비스를 제공한다. 이것은 기본적으로 대규모 언어 모델(large language model: LLM)을 활용하며, 대표적으로 챗지피티(Chat Generative Pretrained Transformer: ChatGPT) 같은 대화형 인공지능 서비스를 예로 들 수 있다.

이러한 인공지능 기술은 데이터의 축적과 분석을 바탕으로 한다. 앞서 언급한 대규모 언어 모델은 많은 양의 텍스트 데이터를 학습한 뒤 학습자의 질문에 대답하는 시스템이라고 생각하면 간단하다.

예를 들어 백과사전 수백만 권의 내용을 기억하는 사람에게 어떤 질문을 한다면, 그 사람은 자신이 알고 있는 내용 중에서 질문에 가장 부합하는 해답을 내놓을 것이다. 대규모 언어 모델이 바로 그런 사람이라고 생각하면 된다. 더구나 대규모 언어 모델이라 부르는 인공지능 기술은 축적한 데이터를 컴퓨터가 사용하는 기계어가 아닌 자연어, 즉 인간의 언어로 내놓을 수 있다. 그렇기 때문에 컴퓨터와 대화하는 것이 아니라 모니터 너머 인간과 대화하는 것 같은 분위기를 갖는다. 이러한 대규모 언어 모델은 간단하게는 홈페이지 같은 곳에서 흔히 볼 수 있는 챗봇(Chatbot)부터 챗지피티로 대표되는 대화형 인공지능 서비스까지 그 종류가 다양하다.

앞서 말한 것처럼 우리 주변에 백과사전 수백만 권을 외우고 있는 사람이 있고 언제든 그의 도움을 받을 수 있다면 학습 과정에서 매우 편리할 것이다. 인공지능 기술은 바로 그런 사람과 같다. 더욱이 이론 교육은 정보를 습득하고 지식을 이해해야 하는 경우가 많다. 영화의 역사적 사실을 찾아야 할 때, 교수자에게 질문하거나 전문서, 인터넷 검색을 하는 것보다는 대화형 인공지능 서비스를 활용하는 편이 훨씬 효과적일 것이다. 더구나 이들은 시간과 장소의 제약을 받지 않으며 질문의 개수도 제한이 없다. 그러므로 학습자에게 친화적인 학습 도우미 역할을 할 수 있다.

대규모 언어 모델을 기반으로 하는 대화형 인공지능 서비스는 지금 다양한 플랫폼에서 제공하고 있다. 그러므로 학습자는 자신에게 적합한 서비스를 찾아 필요한 만큼 활용할 수 있다.

챗지피티

챗지피티는 가장 널리 알려진 대화형 인공지능 서비스로 대화창에 질문을 입력하면 답변을 제공하며 그림을 그려 달라는 요구를 하면 인공지능이 그 요구를 해석하여 그에 맞는 그림을 생성하여 제공하기도 한다. 모든 대화형 인공지능 서비스가 그러하듯, 자신이 원하는 답변을 얻기 위해서는 매우 구체적이고 세밀하게 질문을 던져야 한다. 그리고 답변 내용에 추가하여 보충 질문을 함으로써 원하는 대답을 얻을 수 있다.

뤼튼

뤼튼(Wrtn)은 한국의 소프트웨어 회사에서 만든 플랫폼으로 다른 인공지능 서비스에 비해 한국 친화적인 구조로 설계되어 있다. 크게 에이아이 검색, 에이아이 이미지, 에이아이 과제와 업무 등 세 개의 기능이 있으며 에이아이 검색을 통해 원하는 내용을 찾을 수 있다.

퍼플렉시티

퍼플렉시티(Perplexity)는 대화형 인공지능 서비스라기보다는 매우 활발한 검색 엔진처럼 보이기도 한다. 검색창에 필요한 내용을 입력하면 학습자의 의도를 파악하여 빠르게 인터넷 정보를 검색한 뒤 최신 정보 및 실시간 게시물을 정리하여 보여 준다. 퍼블렉시티 등의 대화형 인공지능 서비스는 마치 사람과 대화하는 것 같은 인상을 느끼게 하지만 사실은 정보 검색과 분석의 결과라는 점을 인식해야 한다. 그리고 이러한 사실을 교육 과정에서 학습자에게 지속적으로 상기시킬 필요가 있다.

코파일럿

코파일럿(Copilot)은 마이크로소프트에서 지원하는 대화형 인공지능 서비스로 윈도즈 운영 체제를 사용할 경우 사용하기 쉽도록 설정되어 있다. 과거엔 빙 챗(Bing Chat)이라는 이름으로 불렸으나 2023년 12월부터 코파일럿이라는 명칭을 사용하고 있다. 코파일럿은 검색 엔진을 바탕으로 하는 채팅, 엣지 코파일럿(Edge Copilot), 다른 웹사이트를 코파일럿 안에서 사용할 수 있는 플러그 인 등의 기능을 제공하고 있다.

인공지능을 활용한 이론 교육과 교수자의 역할

대규모 언어 모델이 머신 러닝(machine learning), 딥 러닝(deep learning) 등을 통해 수많은 정보를 획득한다 해도 결국 그 정보는 사람들이 자유롭게 작성한 자료를 바탕으로 한다. 거기에는 오류, 편향, 거짓이 존재할 수 있으며 만든 이의 의도와 취향도 스며들어 있다. 더욱이 인공지능이 습득하는 정보는 과거 데이터를 기반으로 하기 때문에 새로운 트렌드를 예측하거나 독창적인 아이디어를 반영하는 데 한계를 가질 수밖에 없다(권승태, 2024). 따라서 인공지능이 처리한 정보를 다시 확인하고 적절하게 활용하기 위해서는 인간의 판단과 결정이 필요하다.

인공지능 기술을 활용한 영화 이론 교육에서도 마찬가지다. 교육의 어느 수준까지는 대화형 인공지능 서비스를 이용하여 학습할 수 있으며 높은 성과를 얻을 수 있을 것이다. 그러나 가치 판단의 문제, 쟁점에 대한 논의와 토론, 학습 격차 해소를 위한 노력, 나아가 학습자에 대한 응원이나 조언 같은 정서적 행위는 여전히 인간의 영역 안에 있다. 따라서 수업 안에서 인공지능 기술을 적절히 활용하면서도 교수자와 학습자 간의 커뮤니케이션을 유지하여 계획한 교육 효과를 얻어야 할 것이다.

참고문헌

권승태(2024). 『시각예술과 인공지능』. 커뮤니케이션북스.
뤼튼. https://wrtn.ai
아마존닷컴. https://www.amazon.com
오픈에이아이. https://openai.com
코파일럿. https://www.microsoft.com/ko-kr/microsoft-copilot
퍼플렉시티. https://www.perplexity.ai

03
감상 환경의 변화에 따른 감상 교육

인공지능 시대의 영화 감상은 과거와 다른 환경에서 진행되고 있다. 단순히 TV나 극장처럼 영화를 상영하는 환경만 변한 게 아니다. 인공지능 기술을 통해 작품 분석이나 심층적인 배경 조사가 가능해졌으며, 색감과 사운드를 고스란히 재현하면서 새로운 관점의 감상 교육이 요구되고 있다.

영화 감상 교육과 블렌디드 러닝

음악 감상이나 미술 감상처럼 작품 감상은 예술 교과의 고유한 학습 영역이다. 사실 예술 교과의 중심에는 작품이 있다. 작품을 둘러싼 지식을 학습하거나(이해 영역) 작품을 감상하거나(감상 영역) 작품을 제작하는 것(창작 영역)으로 구성되어 있기 때문이다.

영화 감상 교육에서는 영화를 감상한 뒤 영화의 주제나 형식, 사회적 영향 등을 분석하고 이를 표현하는 법을 가르친다.

이는 크게 텍스트(text) 분석과 콘텍스트(context) 분석으로 나눌 수 있다. 텍스트 분석은 영화 자체를 분석의 중심에 놓는다. 영화의 주제나 소재부터 인물, 사건 등의 캐릭터, 내러티브 등을 분석한다. 또한 연출법이라든지 촬영, 조명, 편집, 사운드, 의상, 미술 등 영화를 구성하는 각각의 요소와 형식을 살펴본다. 콘텍스트 분석은 영화뿐만 아니라 영화의 외적인 요소까지 살펴보는 것이다. 연출자의 또 다른 작품과 비교를 해 본다든지 영화가 나올 당시의 시대상이나 사회적 분위기까지 종합적으로 고려하는 것이다. 따라서 교수자는 작품에 대한 내용뿐만 아니라 작품 외적인 정보에 대해서도 잘 알아야 하며 적절한 비중을 두고 수업을 진행해야 한다.

이러한 텍스트 분석과 콘텍스트 분석에 인공지능 기술을 결합하면 좀 더 풍부한 수업이 이루어질 수 있다. 예를 들어 A라는 영화의 텍스트 분석을 끝낸 뒤 대화형 인공지능 서비스를 이용해 자신과 비슷한 관점으로 분석한 다른 분석문을 찾아 어떤 부분이 비슷한지 또는 다른지 비교할 수 있을 것이다. 또한 학습자가 A라는 영화의 촬영 스타일을 분석했다면 대화형 인공지능 서비스를 통해 조명이나 편집, 사운드 스타일을 분석하도록 주문할 수도 있을 것이다. 그렇게 되면 자신이 분석한 요소에 더하여 다른 요소를 추가로 살펴볼 수 있으며 자신의 분석과 비교도 가능하다. 이렇듯 감상 교육의 어느 부분에서는 교수자의 도움이 없어도 인공지능 기술이 수집한 정보와 분석을 수업의 가이드로 활용할 수 있다.

교수자 입장에서는 이를 반영하여 블렌디드 러닝(blended learning: 혼합형 수업)을 진행할 수 있다. 이를테면 학습자로 하여금 수업 전에 영화를 감상하고 분석하도록 한 뒤, 교실에서는 이를 바탕으로 토론 수업을 진행하는 식이다. 블렌디드 러닝은 코로나 팬데믹 시절에 대체 수업의 개념으로 보급되었지만 이제는 '인공지능 기술을 이용한 사전 학습+대면 수업'이라는 형태로 진행할 수 있다. 특히 영화 감상 수업에서는 이러한 과정을 통해 좀 더 효과적인 교육이 가능하다.

감상 환경의 변화, 감상 교육의 변화

인공지능 기술이 발전하면서 영화 상영에도 많은 변화가 일어났다. 화질과 음질은 더욱 향상되었으며 상영 플랫폼과 기기의 다변화로 관람 시간과 장소의 제약도 사라졌다. 또한 스크린이 3면으로 확장되거나(screenX), 의자가 움직이고 바람이 부는 등의 효과를 제공하는 상영관(4DX, MS4D)이 등장하기도 했다.

현대의 영화 감상은 단순히 영화를 본다는 개념을 넘어서 온몸으로 영화를 체험하는 경험을 제공한다. 이에 따라 영화 감상 교육의 방법과 내용 또한 변하고 있다.

상영 플랫폼과 기기의 다변화에 따른 감상 교육

과거에는 지상파 방송이나 극장에서 영화를 관람했다면 지금은 온라인을 기반으로 OTT나 유튜브, 포털 사이트에서 영화를 관람한다. 인터넷만 연결되어 있다면 시간과 장소를 가리지 않고 영화를 볼 수 있는 환경이 조성된 것이다. 그러다 보니 스마트폰이나 노트북, 패드 등 인터넷과 연결할 수 있는 상영 기기를 활용하는 경우가 많다. 이것은 사물 인터넷(internet of things: IoT)의 보편화에 따른 것으로 자신이 원하기만 한다면 트레드밀, 냉장고, 주방에서도 모니터를 통해 영화를 관람할 수 있다.

플랫폼과 기기가 다변화하면서 감상 교육의 방식도 달라지게 된다. 교실에서 TV를 통해 영화를 감상할 수 있지만 각자의 집에서 온라인 화상 수업을 통해 영화를 관람할 수도 있다. 학습자 또한 스마트폰 등 개인 기기를 이용하여 온라인 스트리밍 서비스에서 영화를 관람하는 것도 가능하다. 감상에 따른 분석이나 비평은 SNS에 게시하고 이를 친구들과 공유하는 것도 가능하다.

이렇듯 상영 플랫폼, 상영 기기의 선택이 자유로워지면서 수업 진행 방식 또한 자유로워지게 되었다.

화질과 음질의 향상에 따른 감상 요소 변화

영상 기술이 발전하면서 극장이나 TV의 화질과 음질은 몰라볼 정도로 향상되었다.

일반적인 극장 상영관은 2K 화질에 5.1 채널 사운드를 사용한다. 그러나 돌비(dolby)관, 돌비 애트모스(dolby atmos)관, 아이맥스(imax)관, 슈퍼 엘이디(super led)관, 슈퍼 플렉스(super plex)관 등 특별 상영관에서는 인공지능 기술을 이용하여 4K 화질, 12 채널 또는 3D 서라운드 사운드를 구축했다.

TV도 마찬가지다. 이제 2K는 기본이며 4K를 넘어 6K, 8K 화질을 구현할 수 있다. 또한 별도의 스피커를 설치하면 5.1 채널은 물론 7.1 채널의 음질도 가능하다. 스마트폰에서도 기종에 따라서는 8K 해상도를 제공하는 등 영상 기술의 발전하면서 상영 기기의 화질 및 음질 구현력도 높아지고 있다.

영화 감상은 작품의 주제나 플롯, 등장인물 간의 관계처럼 이야기 구조를 분석하기도 하지만 색감이라든지 빛, 어둠처럼 형식미를 살펴보기도 한다. 그러므로 연출자가 의도했던 색감을 고스란히 재현하고 작은 소리까지도 또렷하게 들을 수 있게 된다면 감상을 통해 판단해야 할 형식 요소들이 더 많아질 것이다. 과거 흑백 영화 시절의 색감 분석과 컬러 영화의 색감 분석을 생각한다면, 고해상도의 영화를 관람하면서 좀 더 세분화된 감상법이 필요하다는 사실을 알 수 있을 것이다. 최근에는 인공지능 기술을 이용하여 고전 영화의 화질을 복원하거나 흑백 영화를 컬러 영화로 바꾸는 등의 작업이 일어나고 있으며 이 또한 새로운 감상 교육 자료가 되고 있다.

추천 알고리즘과 필터 버블, 그리고 교수자

인공지능 시대에 가장 편리한 기능 중 하나가 추천 알고리즘이다. 플랫폼이 사용자의 데이터를 분석하여 사용자 취향에 맞춰 제품이나 노래, 영상물 등을 자동 추천하는 것이다. 이 추천 알고리즘에 따라 사용자는 자신이 좋아하는 유형을 계속해서 소개받을 수 있다. 하지만 추천 알고리즘은 사용자가 새로운 선택을 하는 것을 방해하기도 한다. 마치 자동차 내비게이션을 계속 사용하게 되면 점차 내비게이션이 안내하지 않는 길로는 가지 않는 것처럼 말이다. 그러다 보면 추천 알고리즘에 의해 편향된 정보나 특정 성향의 기사만 계속 접하게 되는 필터 버블(filter bubble) 현상에 갇히기도 한다.

영화 감상 교육에서도 비슷한 일이 일어날 수 있다. 학습자가 대화형 인공지능 서비스라든지 온라인 상영 플랫폼을 이용할 때, 균형 감각을 갖지 않으면 의도하지 않은 편향성을 겪을 수 있다. 이러한 균형 감각은 학습자 혼자서 키울 수 없다. 교수자의 지도, 학습자 간의 관계성 등 우리가 교육이라 부르는 환경 안에서 자연스럽게 습득하게 된다.

이것은 비단 영화 감상에서의 문제만은 아니다. 인공지능 기술을 이용하는 모든 분야에서 필요한 것이며 어쩌면 영화 교육을 통해 정립한 균형 감각을 다른 영역에서 활용할 수 있을 것이다.

참고문헌

국립국어원 우리말샘. https://opendict.korean.go.kr

메가박스. https://www.megabox.co.kr/

롯데시네마. https://www.lottecinema.co.kr

오세섭(2022). 『청소년 영화교수학습방법』. 커뮤니케이션북스.

CGV. http://corp.cgv.co.kr

04
대화형 인공지능 서비스를 통한 시나리오 교육

인공지능 기술을 이용한 시나리오 교육이란 단순히 창작 프로그램 사용법을 가르치는 것과는 다르다. 자신에게 알맞은 프로그램은 무엇이며 창작 과정에서 어느 수준의 도움을 받을 수 있는지 판단하는 법을 배우는 시간이다. 이처럼 창작에서 인공지능 기술은 하나의 도구이며 학습자의 주체적 사용이 필요하다는 점을 알아야 한다.

시나리오 교육의 주안점

시나리오 교육은 크게 두 가지 내용을 가르친다.

첫 번째는 시나리오 구조와 형식에 관한 것이다. 시나리오는 영화를 만들기 위해 작성하는 것이며 대개는 시나리오를 기준으로 연기하고 촬영한다. 그러므로 시나리오에는 연출자가 원하는 이야기, 그리고 이야기의 순서가 들어 있다. 이를 가리켜 이야기 구조라고 하는데 보통은 기승전결 구조로 되어 있다. 또한 촬영을 원활하게 진행하기 위해서 시나리오는 신 번호, 지문, 대사 등 시나리오만의 형식을 가지고 있다. 어떤 내용을 담든 간에 시나리오는 정해진 구조와 형식이 있다. 그러므로 시나리오 교육에서는 학습자가 이러한 부분을 이해할 수 있도록 돕는다.

두 번째는 상상력과 표현력이다. 시나리오 구조와 형식 안에 담을 내용을 가르치는 것이다. 소재나 주제가 비슷해도 쓰는 이의 상상력과 표현력에 따라서 전혀 다른 시나리오가 될 수 있다. 하지만 이런 점을 가르치는 건 쉽지 않다. 학습자가 '시나리오를 쓸 때, 상상력이 중요하다'라는 사실을 알고 있다고 해도 실제로 상상력이 뛰어난 시나리오를 쓰는 것은 어렵기 때문이다. 이렇게 아는 것과 실천하는 것은 다르기 때문에 대개 교수자는 시나리오가 좋은 영화를 보여 주거나 상상력을 키우는 법을 설명하는 식으로 학습자가 상상력을 키울 수 있도록 도와준다.

인공지능 기술이 발전하면서 시나리오 교육에도 이를 적용하는 경우가 많아지고 있다. 인공지능 기술이 획득한 데이터를 바탕으로 시나리오의 기본 구조나 형식을 찾는 것이 쉬워졌기 때문이다. 또한 인공지능 기술을 통해 창작 프로그램을 개발하기도 한다. 이 프로그램은 학습자가 작성한 글을 분석하고 표준화해 촬영에 맞게 재편성할 수 있다. 시나리오 교육은 이런 점에 착안하여 새로운 방식으로 변화하고 있다.

인공지능 창작 프로그램

인공지능 기술이 글쓰기 프로그램과 결합하면서 여러 가지 형태의 창작 프로그램이 개발되었다. 이는 크게 두 가지 유형으로 나눌 수 있다.

첫 번째는 시나리오 표준화를 관리하는 프로그램이다. 이 프로그램들은 시나리오 작성 시 정보 관리와 통계 산출이 가능하며 실제 촬영을 위한 정보를 제공할 수 있도록 설계되었다. 즉, 내용을 창작한다기보다는 내용을 정리하고 정보를 정리하는 기능이라고 할 수 있다. 파이널 드래프트(Final Draft), 드라마티카(Dramatica), 스크리브너(Scrivener)와 같은 프로그램이 대표적이다.

이들은 공통적으로 시나리오, 방송용 대본, 글쓰기 등에 최적화된 틀을 가지고 있으며 시나리오 속 등장인물의 수나 등장 빈도, 장소 활용, 낮과 밤으로 구분되는 시간대, 소품이나 의상 등 글쓰기에 필요한 정보를 제공한다. 또한 실제 촬영에서 필요한 정보를 체계화할 수 있는 기능을 갖추고 있다. 세부적으로는 무슨 프로그램을 사용하느냐에 따라 특성이 달라진다. 예를 들어, 파이널 드래프트는 신 나누기, 캐릭터별 구분, 시나리오 읽어 주기 등의 기능이 있으며 드라마티카는 글 쓰는 단계에 따라 프로그램이 질문을 던지고 창작자가 대답하는 방식으로 구성되어 있다. 스크리브너의 경우, 시나리오뿐만 아니라 보고서, 논문을 쓰기에도 편리한 구조로 만들어졌다.

국내에서도 이와 비슷한 기능을 가진 프로그램이 있다. 바로 한국영화제작가협회와 한글과컴퓨터가 함께 개발한 씨네한글이다. 씨네한글은 시나리오 속 대사와 지문의 시간을 계산하여 실제 영화로 만들어졌을 때 러닝 타임을 계산해 준다. 또한 글을 쓰는 동시에 장면 구분표, 인물 구분표가 만들어지기 때문에 시나리오를 쓸 때 편리하다.

두 번째는 시나리오 창작을 도와주는 프로그램이다. 이 프로그램은 구조나 형식보다는 내용 창작과 관련이 있다. 대개는 챗지피티(ChatGPT), 뤼튼(Wrtn), 퍼플렉시티(Perplexity), 코파일럿(Copilot), 클로드(Claude)와 같은 대규모 언어 모델을 기반으로 하는 대화형 인공지능 서비스를 이용한다. 이들 서비스는 프로그램마다 조금씩 차이가 있지만 대부분 대화창에 질문을 하면 답변이 돌아오는 식으로 창작을 돕는다.

대화형 인공지능 서비스는 온라인에 존재하는 자료를 학습하여 시나리오의 보편적인 패턴을 분석한다. 그러므로 시나리오 창작에 관해 질문하면 자신들의 데이터를 바탕으로 일반적인 형식의 시나리오 혹은 이야기를 들려준다. 그래서 인공지능이 작성한 시나리오는 누가 읽어도 이해할 수 있으며 기승전결이 뚜렷한 편이다.

물론 처음부터 완성도 높은 시나리오가 나오지는 않는다. 심지어 어디서 본 듯한 내용, 무난한 이야기가 계속되는 경우도 많다. 과거의 데이터를 바탕으로 하는 인공지능 서비스의 특성을 생각한다면 이것은 당연하다. 그러므로 최초의 결과물을 읽어 본 뒤, 계속해서 수정 요구를 해야 한다. 이때 정교한 지시, 구체적인 설정, 꼼꼼

한 상황 판단이 필요하며 전체 맥락을 꿰뚫어 볼 수 있는 안목도 있어야 한다. 이렇게 결과물에 대한 수정을 반복하면서 자신이 원하는 내용으로 바꿔 나가야 할 것이다. 이른바 시나리오 구성에 대한 프롬프트 디자인(prompt design)을 설계해야 하는 것이다.

다만 인공지능을 통한 시나리오 쓰기는 약점도 있다. 예를 들어 인공지능은 실제로 영화를 본 적이 없기 때문에 영화에 대한 감동이나 즐거움을 알지 못한다. 또한 내용이나 주제에 대한 호불호도 없다. 기억력도 짧아서 이전 세션의 문답을 일일이 기억하지 못한다(문원립, 2024). 그러므로 중요한 판단과 결정은 사용자가 할 수밖에 없으며 사용자가 얼마나 시나리오에 대해서 잘 알고 있는지, 그리고 이를 재현하기 위해 어떤 식으로 명령어를 작성할 수 있는지가 중요하다.

인공지능 시대의 시나리오 교육법

씨네한글이 보급되고 챗지피티를 사용할 수 있다고 해서 모두가 〈기생충〉(봉준호, 2019) 같은 시나리오를 쓸 수는 없을 것이다. 시나리오의 원리를 이해하고 현재 통용되는 규칙이나 기법을 학습해야 한다. 자신이 무슨 장르를 좋아하는지, 어떤 형식의 시나리오를 잘 쓸 수 있는지 아는 것도 중요하다. 아무리 인공지능 기술이 발전했다고 해도 기본적으로 배워야 할 것이 있는 것이다.

만약 이러한 학습이 선행되지 않는다면 본격적으로 인공지능 기술을 사용하는데 어려움을 겪을 수 있다.

앞서 예를 든 것처럼 챗지피티 같은 프로그램의 대화창에 시나리오를 쓰라는 주문을 넣은 뒤 인공지능이 생성한 시나리오를 읽었을 때, 이 시나리오가 좋은 시나리오인지 나쁜 시나리오인지 어떻게 판단할 수 있을까? 그걸 알아야 수정 요구도 할 수 있는 것이다.

씨네한글도 마찬가지다. 캐릭터 구축, 플롯 설정, 내러티브 구성 등 기본적으로 이야기 만드는 법을 익힌 뒤에 씨네한글과 같은 창작 프로그램을 운용해야 한다. 만약 그렇지 않으면 원시인이 항공 모함을 조종하는 것 같은 미숙함만 남을 것이다.

글쓰기 프로그램에 인공지능 기술을 접목하면서 누구나 쉽게 시나리오를 쓸 수 있게 되었으며 창작 기간도 단축되었다. 하지만 아무리 좋은 도구라 해도 사용하는 사람에 따라 달라지기 마련이다. 그러므로 먼저 시나리오 쓰기의 기초를 닦은 뒤, 창작 행위를 보완하는 도구로써 인공지능 기술을 활용해야 한다. 이를 위해서 학습자는 먼저 시나리오 쓰기의 이론에 대한 학습부터 시작해 시나리오 읽기와 쓰기로 확장해야 하며 교수자는 단계별로 대면 교육과 인공지능 기술을 통한 학습 등으로 세분화하여 수업을 진행해야 할 것이다. 예를 들어 시나리오의 형식과 구성에 관한 학습은 블렌디드 러닝이 가능하며 시놉시스 구성 등 기초적인 단계에서도 대화형 인공지능 서비스의 도움을 받는 식이다. 다만 최근 학습자 성향을 고려하면 이러한 단계별 교육을 생략하고 곧바로 필요한 내용만 조합하여 학습하는 모듈형 방식을 도입할 필요도 있다. 인공지능 기술을 통해 필요한 에피소드, 상황, 캐릭터 등을 만들어 시나리오에 반영하는 것이다.

단계별 교육이든 모듈형 교육이든 간에 시나리오의 완성도 그리고 시나리오의 좋고 나쁨을 판단하기 위해서는 자기만의 기준이 필요하다. 여기서 교수자의 역할이 중요해진다. 교수자는 학습자가 자신의 관점을 정립하고 가치 판단을 할 수 있도록 도와준다. 또한 학습자가 시나리오를 쓰면서 겪을 수 있는 정서적 어려움이라든지 고민을 함께 나누는 동반자가 될 수도 있다. 이 부분은 지금까지도 인공지능이 대체할 수 없는 교수자의 고유 영역이기도 하다.

참고문헌

김영철(2019). 한국영화산업 발전을 위한 시나리오 표준 포맷 상용화를 위한 연구-씨네한글을 중심으로. ≪영상기술연구≫, 1(30).

김재섭(2018.3.19). 한컴, 영화 시나리오 전용 문서편집기 '씨네한글' 내놔. ≪한겨레신문≫.

문원립(2024). 『AI로 영화 글쓰기』. 커뮤니케이션북스.

오세섭(2020). 코로나 혹은 포스트 코로나 시대의 청소년 영화교육. ≪아시아영화연구≫, 13(3).

클로드. https://claude.ai

05
인공지능 기술과 결합한 촬영 교육

카메라에 인공지능 기술을 적용하면서 새로운 방식의 촬영이 이루어지고 있다. 전통적인 촬영 교육이 영상 언어의 이해, 촬영 장비 실습으로 구성되었다면 앞으로의 촬영 교육은 인공지능 카메라 작동법이라든지 비디오 월을 이용한 촬영 등 스스로 판단하고 작동하는 카메라와 촬영 환경을 고려해야 할 것이다.

촬영 교육의 기본 구성

촬영(撮影)이란 카메라로 피사체를 포착하여 피사체 이미지를 저장 장치에 기록하는 과정을 말한다. 그러므로 촬영 교육은 카메라에 대한 이해, 작동 실습, 촬영 기법 등 촬영 기술에 관한 내용을 포함한다. 더불어 촬영 장비의 보관, 촬영 소스의 저장 방식(과거에는 필름이었다면 지금은 디지털 영상 파일)에 대해서도 가르친다.

촬영 교육에서 카메라에 관한 이해는 기기 자체에 대한 교육이다. 사실, 촬영 교육이 아니라 하더라도 기기를 다루는 모든 교육에서는 기기의 명칭, 작동 원리 등을 배우는 시간이 마련되어 있다. 이와 연계하여 기기를 작동하는 실습 교육도 병행한다. 실제 사용하면서 카메라의 전체 기능을 익히는 것이다. 이렇듯 카메라에 관한 이해 영역에서는 기기에 대한 전반적인 사항을 배운다고 할 수 있다.

카메라에 대한 이해, 작동 실습 같은 교육은 다른 분야에서도 흔히 볼 수 있는 기기 실습이다. 그러나 촬영 기법에 관한 교육은 촬영 교육의 고유한 학습 콘텐츠라 할 수 있다. 앞선 내용이 기술 교육이라면 촬영 기법은 미학 탐구에 가깝기 때문이다. 사실 영화를 촬영하는 것은 기술의 사용이면서도 예술 창조의 일환이라 할 수 있다. 그렇기 때문에 촬영 기법에 대한 개념이 정리되어 있고 기본 원리와 규칙도 마련되어 있지만 촬영할 때마다 새로운 관점과 고민이 깃들게 된다. 사람마다 예술의 관점이 다르며 작품에 따라 촬영 기법도 다르게 적용해야 하기 때문이다.

이렇게 카메라에 대한 교육은 이론적 접근, 실습 교육에서는 참여형 수업, 촬영 기법에 관한 교육에서는 이론과 분석, 실습과 토론 등 다양한 교육 방식을 실행하고 있다. 그러나 인공지능 기술이 발전하면서 이렇게 전통적인 방식의 촬영 교육 대신 새로운 촬영 교육이 시도되고 있다. 과거 사람이 조작하던 카메라는 이제 인공지능이 스스로 판단하여 조정하고 있으며 실제 촬영 없이 인공지능 기술을 통해 장면을 구현할 수 있다.

그렇다면 인공지능 시대의 촬영 교육은 어떤 식으로 진행해야 하는가에 대한 고민이 생길 수밖에 없다. 카메라 대신 인공지능이 모든 걸 촬영할 수 있는 시대가 도래할 수 있기 때문이다.

인공지능 카메라와 버추얼 프로덕션 그리고 촬영 교육

인공지능 기술이 발전하면서 촬영도 달라지고 있다. 크

게 인공지능 기술이 탑재된 카메라와 버추얼 프로덕션을 들 수 있다. 이를 통해 현재 인공지능 기술이 도달한 촬영의 모습을 확인할 수 있으며, 촬영 교육이 담당해야 할 학습 영역이 어디까지인지 논의할 거리를 던져 준다.

인공지능 카메라

오래전부터 카메라에는 다양한 과학 기술이 적용되었다. 예를 들면 자동 노출(automatic exposure)이나 자동 초점(auto focus) 같은 기능이 그러하다. 카메라는 인간의 눈처럼 작동할 수 없기 때문에 촬영자는 이런 기능을 통해 적정 노출값을 얻고 초점을 맞추고자 했다.

하지만 최근에는 인공지능 기술이 가미된 카메라가 등장하면서 카메라가 마치 인간처럼 상황을 판단하고 촬영할 수 있게 되었다. 예를 들면 인공지능이 촬영 전에 이미지를 분석하여 인물, 사물, 풍경에 따라 그에 알맞은 적정 노출, 화이트 밸런스(white balance), 색감을 선택하는 식이다. 또한 카메라가 초점을 유지하면서 피사체의 움직임을 따라가는가 하면 주인공의 얼굴을 인식한 뒤 군중 속에서도 주인공을 놓치지 않고 촬영할 수 있다(권승태, 2024).

이런 식으로 인공지능이 촬영 상황을 판단하여 스스

로 작동할 수 있다면 과거 촬영자가 맡았던 역할의 상당 부분을 인공지능이 대신하게 될 것이다. 그렇다면 촬영 교육이 다루는 내용 또한 달라질 수밖에 없다.

버추얼 프로덕션과 인공지능

최근에는 버추얼 프로덕션(virtual production)에 대한 관심이 커지고 있다. 버추얼 프로덕션은 실감 콘텐츠 기술과 실시간 시각 효과 기술을 이용하여 가상 환경 속 이미지와 현실의 이미지를 결합하는 것으로, 실시간 상호작용을 통해 컴퓨터 그래픽과 실시간 촬영 소스를 한 번에 결합하는 작업을 말한다(김민정, 2021). 버추얼 프로덕션에서는 비디오 월(video wall)이 중요한 역할을 한다. 비디오 월은 여러 개의 영상 화면을 배열하여 하나의 큰 화면을 구성하는 것을 말한다. 과거에는 TV나 LCD 등을 이용하여 비디오 월을 만들었다면 지금은 주로 LED를 사용한다.

버추얼 프로덕션은 LED 비디오 월을 통해 영화의 배경을 보여 주고 그 앞에서 배우가 연기하는 식으로 진행된다. 이것은 크로마키(chroma key) 촬영과 비슷하면서도 다르다. 크로마키 촬영은 녹색이나 파란색 배경 앞에서 연기하는 인물을 촬영하는 것으로 후반 작업에서 녹

색, 파란색 배경과 따로 촬영한 풍경을 결합하는 방식으로 진행한다. 그러나 버추얼 프로덕션은 비디오 월에 풍경을 띄운 뒤 인물을 촬영한다. 이렇게 하면 촬영과 동시에 가상 현실과 실제 인물을 결합할 수 있으며 후반 작업 또한 생략할 수 있다.

최근에는 인공지능 기술이 버추얼 프로덕션과 결합하면서 촬영의 개념도 달라지게 되었다. 전통적인 원근법이나 딥 포커스(deep focus) 같은 깊이감을 구현하기보다는 비디오 월의 작동 방식과 피사체와의 결합에 더 신경 써야 한다. 비디오 월 버추얼 프로덕션에서는 카메라의 위치와 움직임을 감지하여 피사체와 배경이 실시간 결합하여 하나의 영상으로 구현되므로 이를 화면에 담는 카메라의 움직임도 달라졌으며 후반 작업까지 포괄하는 형태의 촬영이 이루어지고 있다(권승태, 2024).

이처럼 촬영 환경과 촬영 방식, 그리고 촬영의 목표가 변화하면서 촬영 교육에서의 학습 내용도 바뀌게 되었다.

인공지능 시대의 촬영 교육

인공지능 카메라 작동법이나 버추얼 프로덕션에서의 촬영법은 과거의 촬영 교육과 다른 방식의 학습 콘텐츠를 요구한다. 전통적인 촬영 교육이 기기에 대한 이해, 작동 실습, 촬영 기법을 다뤘다면 인공지능 시대의 촬영 교육에서는 미학 영역에 해당하는 촬영 기법에 대한 학습 분량이 낮아질 것처럼 보인다. 인간이 판단해 왔던 촬영 상황을 인공지능이 대신 판단하고 실행하는 경우가 점점 늘어나고 있기 때문이다.

그러나 미학의 영역을 인공지능이 대체할 수는 없다. 공장의 자동화 로봇처럼 정형화된 물건의 제조라든지 효율적인 대량 생산에서는 인공지능이 합리성을 가질 수 있지만 영화와 같은 예술의 창작 분야에서는 인공지능의 빅 데이터와 머신 러닝이 반드시 정답을 제공하진 않는다.

촬영 기법도 마찬가지다. 화면 분할의 규칙이나 180도 법칙을 지키는 것이 좋은 촬영이며 영상 언어의 기본이라고 기록되어 있지만 어떤 장면에서는 이런 규칙을 깨뜨렸을 때 오히려 파격적인 의미를 재생산하는 경우도 있다. 이것은 기계적으로 규칙을 적용하기보다는 인간과 인간이 모여 작업하는 과정에서 생겨난 우연의 발상, 협업에 따른 집단 지성 또는 개인의 영감이 발화된 결과다.

영화 제작은 정해진 공식을 따라가지 않는다. 촬영 또

한 원리 원칙만 고집할 필요는 없다. 이미지를 생성하든 직접 촬영하든 간에 필요로 하는 영상을 재현하는 방법, 그것을 구별할 수 있는 시각을 갖는 것이 중요하다. 그러므로 지금의 촬영 교육은 인공지능 기술을 활용한 촬영 기법을 배우는 동시에 이러한 작업을 창의적으로 수행할 수 있는 판단 능력, 원하는 이미지를 생성할 수 있는 심미안을 길러 줘야 할 것이다.

참고문헌

국립국어원 우리말샘. https://opendict.korean.go.kr

권승태(2024). 『시각예술과 인공지능』. 커뮤니케이션북스.

김광철 · 장병원(2004). 『영화사전』. 프로파간다.

김민정(2021.12). 국내외 버추얼 프로덕션 스튜디오 구축 현황. ≪미디어 이슈&트렌드≫, vol.47, 한국방송통신전파진흥원.

3CINNO. https://www.led-display-manufacturer.com

06
촬영 없는 촬영 교육

인공지능은 촬영 교육에 혁신적 변화를 불러오며, 학습자가 효율적이고 창의적으로 학습할 수 있는 환경을 제공한다. 이때 인공지능 기반의 촬영 도구, 가상 환경, 데이터 분석 시스템을 활용해 학습 과정을 지원한다. TTV(text to video) 또는 ITV(image to video) 등 카메라 없이 영화를 촬영하는 시대에 필요한 촬영 수업 설계와 촬영 수업 방법론을 통해서 촬영 교육을 살펴볼 수 있다.

카메라 있는 촬영

전통적인 영화 촬영 교육은 촬영 장비를 실제 다루는 방법부터 이론 및 실습 교육으로 구성된다. 예를 들면, 카메라의 기능, 장면 구성의 원리, 카메라 워킹, 영화 언어와 미장센, 빛과 조명, 카메라 설정, 조명 세팅, 장면 촬영 등을 포함하는 실습 교육이 진행된다. 이처럼 전통적인 영화 촬영 교육은 촬영 장비를 다루는 기술에서부터 이론과 실습을 아우르는 포괄적인 내용으로 구성된다. 구체적으로는 다음과 같은 교육 과정이 포함된다.

먼저, 기본 촬영 기법으로 카메라의 조작 방법과 기본적인 촬영 기술을 배우며, 이를 통해 안정적인 장면을 구성할 수 있는 능력을 기른다. 심층 촬영 기법에서는 피사체와 배경의 깊이를 조절하여 입체적인 영상을 만드는 방법을 학습한다. 이를 통해 영화의 시각적 효과를 극대화할 수 있다. 그리고 숏 구성은 이야기를 효과적으로 전달하기 위해 장면을 구성하는 방법을 배운다. 이 과정에서는 숏의 크기, 각도, 방향 등을 고려하여 최적의 숏 구성을 찾는다. 숏바이숏(Shot by Shot) 실습 교육에서는 실제 촬영 현장에서 적용할 수 있는 실습 교육을 통해 배운 내용을 적용해 보는 기회를 얻는다. 이를 통해 촬영 기술을 더욱 숙련하고, 완성한 이야기를 구현할 수 있는 능력을 키울 수 있다.

이처럼 실습 중심 교육에서 촬영 기술은 다양한 과정의 카메라 실습으로 이루어진다. 학습자는 카메라, 조명, 사운드 장비 등을 직접 다루며 촬영을 해 보고, 자신이 촬영한 영상을 편집해 보는 과정을 통해 촬영 기술을 습득해 왔다. 그동안 이렇게 카메라를 직접 만져 가며 영화 촬영에 필요한 다양한 기술과 이론을 습득하는 과정을 통해서 촬영 교육이 이루어졌다. 즉, 카메라 있는 촬영 교육이다.

카메라 없는 촬영

최근 컴퓨터 알고리즘과 연산 능력의 발전으로 인공지능 촬영이 보편화되었고, 이에 따라 전통적인 영화의 창작 과정 체계도 크게 변화했다. 서로 다른 영상 획득 방식이 영화의 중간 제작에 더 많은 표현 경로를 제공하며, 인공지능 기술은 영화에서 널리 사용되며 다음과 같은 두드러진 점을 보여 주고 있다.

먼저, 영화는 촬영에서 제작으로 변화하며 초현실적인 인공지능 제작 영상을 추구하고 있다. 그리고 인공지능 기술을 통해 영화 제작이 더욱 편리해졌다. 영화에 가상 요소가 두드러지게 나타났다. 특히 실시간 가상 카메라 추적 시스템인 가상 카메라 시스템(virtual camera system)은 카메라의 위치와 각도를 고정해 실제 카메라의 움직임을 가상 카메라에 반영한다. 또한 가상 콘텐츠의 변화를 실시간으로 미리 볼 수도 있다. 이처럼 인공지능 카메라 시스템은 위치 정보 동기화 외에도 카메라의 초점 거리를 조정할 수 있어, 실제 카메라의 촬영 효과를 매우 정확하게 재현할 수 있도록 렌즈의 변화를 시뮬레이션할 수 있다. 이러한 기술 발전은 영화 제작의 새로운 가능성을 열어 주며, 창작자들에게 더욱 창의적인 작업 환경을 제공하고 있다(자오씬, 2024). 결과적으로 인공지능은 영화 산업 전반에 혁신적인 변화를 불러왔으며, 촬영 교육 분야에서도 그 영향을 크게 미치고 있다. 즉, 카메라 없는 촬영 교육이 가능하게 되었다.

프롬프트를 통한 촬영

영화 제작에서 촬영은 프리프로덕션에서 진행한 스토리텔링을 구현하는 핵심적인 역할을 한다. 촬영 교육은 이러한 영화 제작 기술을 체계적으로 배우는 과정으로, 완성된 스토리텔링을 효과적으로 전달하기 위한 다양한 카메라 워크와 기술을 익히는 데 중점을 두고 있다. 최근 인공지능 기술의 발전은 영화 산업 전반에 걸쳐 제작 환경과 기법을 변화시키고 있으며, 이는 촬영 교육에도 중대한 영향을 미치고 있다.

TTV(text to video) 또는 ITV(image to video)를 위한 생성형 인공지능 이미지 툴은 종류가 많아 프롬프트를 넣는 방식도 매우 다양하다. 따라서 대규모 언어 모델(large language model: LLM)과 함께 프롬프트의 중요성도 커지고 있다(심은록, 2024). 즉, 인공지능 영화 촬영은 촬영 감독이 카메라 대신 생성형 인공지능으로 연출을 위한 프롬프트를 입력해 화면을 구현하는 방식이다. 시나리오부터 촬영, 편집, 사운드 등 사실 거의 모든 영역에서 인공지능에 의존하게 된다. 예를 들어, TTV 기술은 문자로 작성된 텍스트를 입력받아 영상을 생성하는 인공지능 기술로, 영화 제작 과정을 혁신적으로 단축하고 창의성을 무한대로 확장할 기회를 제공하고 있다. 1950년대 프랑스 누벨바그 감독들은 누구나 값싼 경량 카메라를 들고 영화를 찍을 수 있는 환경을 일컫는 '카메라의 민주화'를 외쳤다. 이제는 인공지능 툴과 프롬프트를 통해서 누구나 쉽게 보이지 않는 카메라를 사용할 수 있게 되었다.

카메라 없는 촬영 수업을 설계

고가의 카메라 없이 인공지능은 촬영 교육에 많은 기회를 제공한다. 이 점은 촬영 교육의 학습 과정을 획기적으로 변화시켰다. 인공지능 기반 촬영 툴, 가상 환경, 데이터 분석 시스템은 학습자가 더 효율적이고 창의적으로 학습할 수 있도록 돕는다. 그러나 창의성에 미치는 영향과 윤리적 문제를 고려하면서, 촬영 교육은 인공지능과 인간이 협력해 더 나은 학습 경험을 제공할 수 있는 방향으로 발전해야 한다. 촬영 교육은 인공지능의 기술적 지원과 인간의 창의적 판단이 조화를 이루는 교육 모델을 통해 진화할 것이다.

인공지능을 활용한 촬영 수업은 기존 카메라 촬영 수업과 인공지능 기술 적용으로 구분해서 진행된다. 카메라 촬영 수업에서는 미장센과 관련된 카메라 워크를 중심으로 이루어지며, 인공지능 툴을 사용하는 수업에서는 상황에 따른 툴 사용 중심으로 진행된다. 수업 단계별로 어떻게 진행되는지, 그리고 인공지능이 어떻게 활용되는지 함께 구체적으로 살펴볼 것이다.

학습 목표 설정

촬영 교육의 체계적인 커리큘럼 구성을 위해 무엇보다

도 학습 목표를 명확히 설정해야 한다. 이를 통해 수업의 방향성을 유지하고 학습자가 어떤 촬영 기술과 지식을 학습할 수 있는지 사전에 결정할 수 있다. 기본 촬영 기술은 기본적인 카메라 조작, 렌즈 선택, 조명 사용법 등의 학습 내용을 포함하고 있다. 인공지능 기술 이해 및 활용은 인공지능 기술을 이해하고, 이를 촬영 과정에 적용하는 과정이다.

단계별 교육 과정 구성

수업에서 사용할 인공지능 툴과 플랫폼은 학습자의 수준과 관심사에 맞게 선택한다. 기초 단계 학습자에게는 간단하고 직관적인 도구가 적합하며, 심화 단계 이상 학습자에게는 더욱 전문화되고 고급 기능을 제공하는 도구가 필요하다.

기초 단계

기초 이론 강의에서 카메라의 구조, 동작 원리, 렌즈의 종류와 특성, 조명의 기본 원리 등을 학습할 수 있다. 기초 촬영 실습은 간단한 주제를 가지고 촬영 실습을 제공한다. 인공지능 기술 소개에서 인공지능이 사진 촬영에 어떻게 활용될 수 있는지에 대한 개요를 설명한다. 특히 얼굴 인식 기술, 자동 초점 조절, 자동 보정 기능 등을 제시한다.

심화 단계

심화 이론에서는 조명과 구도의 심화 학습, 다양한 촬영 기법을 학습할 수 있다. 예를 들면, 빛의 방향과 강도에 따른 촬영 기법, 색온도 조절 등의 내용을 다룰 수 있다. 팀 프로젝트 기반 학습에서는 팀을 구성하여 주제를 정하고, 촬영을 진행한다. 그리고 인공지능 툴을 활용하여 촬영 결과물을 분석할 수 있다. 예를 들면, 얼굴 인식 기술을 활용한 자동 포커싱, 배경 제거 등의 기술을 적용할 수 있다. 이처럼 인공지능 툴 사용법에서는 구체적인 인공지능 도구의 사용법을 학습할 수 있다. 예를 들면, 이미지 처리 소프트웨어를 활용해 사진을 자동 보정하거나, 딥 러닝 모델을 활용한 이미지 스타일 변환 등의 기술을 적용할 수 있다.

전문 단계

전문 촬영 기술 강의에서는 드론 촬영, 고속 카메라 사용법 등 특수 촬영 기술을 학습한다. 개인 프로젝트 실습에서는 학습자가 자유롭게 주제를 선택하여, 인공지능을 활용한 촬영 프로젝트를 완성한다. 인공지능 툴 심화에서는 머신러닝을 활용한 이미지 및 비디오 처리 기술을 심화 · 학습한다.

평가 방법

평가 방법은 실습 참여도, 프레젠테이션, 결과물로 구성할 수 있다. 실습 참여도는 각 주차별 실습 과제 제출을 통해 이루어진다. 그리고 프레젠테이션은 프로젝트 결과물을 발표하고, 인공지능 기술을 어떻게 활용했는지 설명하는 것으로 구성된다. 마지막으로 프로젝트 결과물에 대한 평가로 창의적이고 기술적으로 완성도 높은 결과물이 나올 수 있게 진행한다. 평가에서 무엇보다 중요한 것은 동료 학습자와 교수자로부터 피드백을 받아 발전 방향을 모색하고, 더욱 향상된 결과물을 만들 수 있게 지도하는 것이다.

참고문헌

심은록(2024). 『AI영화 제작론』. 북바이북.
자오씬(2024). 영화제작의 AI 활용을 통한 뉴패러다임 연구. 청주대학교 석사 논문.

07
컴퓨터 비전과 후반 작업 교육

인공지능 기반 영상 편집 기술은 영화 산업에서 효율성을 높이고 창작 영역을 확장하는 데 중요한 역할을 하고 있다. 인공지능은 영상 분석, 자동화된 편집, 색 보정, 시각 효과, 사운드 편집 등 여러 분야에서 혁신을 일으키며, 창작자가 더 많은 시간을 창의적인 작업에 집중할 수 있도록 돕는다.

컴퓨터 비전

인공지능을 이용한 영상 편집 기술은 최근 급격하게 발전하면서 영화 및 미디어 산업에서 큰 변화를 가져왔다. 특히 인공지능은 영상 편집 과정의 여러 단계에서 자동화와 효율성을 제공하며, 창작자들이 더 많은 시간과 자원을 창의적인 작업에 집중할 수 있도록 돕는다. 인공지능 기반 영상 편집 기술은 영상 분석, 자동화된 편집, 색 보정, 효과 생성 등 다양한 영역에서 활용되며, 이는 편집 작업의 속도와 품질을 향상하는 동시에 새로운 창작의 가능성을 열어 준다.

컴퓨터 비전(computer vision)은 컴퓨터가 시각적 데이터를 처리하고 이해할 수 있도록 돕는 인공지능의 한 분야로, 이미지나 동영상과 같은 시각적 정보를 기계가 처리하고 해석할 수 있게 하는 기술이다. 이는 다양한 알고리즘과 모델을 통해 데이터를 분석하여 물체 인식, 동작 추적, 장면 이해 등의 작업을 수행한다. 인간이 눈으로 보는 것과 유사한 방식으로 기계가 이미지를 처리할 수 있도록 도와주며, 영화 산업을 포함한 여러 분야에서 광범위하게 응용된다. 특히 컴퓨터 비전은 후반 작업에서 중요한 역할을 한다. 후반 작업은 촬영 후 진행되는 편집, 시각 효과, 색 보정 등의 작업을 포함하며, 컴퓨터 비전 기술이 도입됨으로써 이 과정에서 속도와 효율성, 그리고 창의적 가능성이 크게 향상되었다. 이 기술은 영화 제작의 자동화뿐만 아니라 창작자가 상상력을 확장하고, 복잡한 시각적 연출을 쉽게 구현하는 데 기여한다.

포스트프로덕션은 촬영이 끝난 후 편집, 시각 효과 및 합성(compositing), 색 보정, 사운드 디자인 및 사운드 믹싱 등의 작업을 포함하는 영화 제작의 마지막 단계다. 이 과정은 영화의 전반적인 시각적, 청각적 품질을 결정하는 중요한 단계로, 촬영된 장면에 다양한 효과를 추가하여 영화의 완성도를 높인다. 특히 현대 영화에서는 CGI(computer-generated imagery: 컴퓨터 생성 이미지)와 같은 고도의 디지털 기술이 후반 작업에서 필수적으로 사용된다. 이처럼 컴퓨터 비전은 영화 후반 작업의 다양한 분야에서 혁신을 주도하고 있다. 기술의 발전으로 작업 속도와 효율성을 크게 향상하는 동시에, 창의적인 표현 방식으로 넓게 확산하고 있다.

따라서 영화 교육 과정에서 컴퓨터 비전의 중요성은 더욱 강조될 것이다. 이에 따라 영화 교육에서는 인공지능을 학습하는 과정과 인공지능을 활용한 교육이 병행된다. 즉, 영화 교육은 인공지능에 관한 교육과 인공지능을 통한 교육이 동시에 이루어지고 있다.

인공지능 기반 자동화된 편집

인공지능은 영상 분석을 통해 콘텐츠의 구조를 이해하고, 그에 맞는 편집을 자동으로 제안할 수 있다. 예를 들어, 인공지능은 영상 속에서 주요 장면이나 인물, 대화 내용을 추출하고, 이를 기반으로 중요한 장면을 자동으로 식별하여 클립을 생성하거나 편집하는 기술을 제공한다. 이러한 자동화된 편집은 수동 편집의 시간을 크게 단축할 수 있으며, 대량의 영상을 빠르게 처리해야 하는 작업에서 특히 유용하다. 인공지능은 또한 인물의 표정이나 동작을 분석하여 감정적인 흐름을 고려한 편집을 할 수 있게 하여, 감동적이고 몰입감 있는 영상 제작을 가능하게 한다.

영화 〈아이리시맨〉(2019)에서처럼, 시각 효과 분야에서는 디지털 배우의 얼굴을 자연스럽게 재현하는 기술이 발전해 왔다. 특히 불쾌한 골짜기(uncanny valley: 인간이 로봇이나 인간이 아닌 것들에 대해 느끼는 불쾌한 감정)를 피하고, 관객이 몰입할 수 있도록 디지털 클로닝(digital cloning) 기술이 지속해서 개선되고 있다. 최근 실시간 컴퓨터 그래픽스와 머신 러닝 기술의 발전으로, 디지털 휴먼은 단순한 재현을 넘어 인간과 상호 작용할 수 있는 인터랙티브 디지털 휴먼 개발로 확장되고 있다. 이 기술은 게임에서 활용되다가 최근 영화에도 도입되며, 컴퓨터 비전과 머신 러닝을 통해 디지털 휴먼의 외형과 감각 기관을 정교하게 구현한다. 인공지능이 뇌 역할을 하면 진정한 인터랙티브 디지털 휴먼이 탄생할 수 있다(정찬철 · 유태경, 2020). 이렇게 영화에서 중요한 캐릭터를 일관성 있게 유지하는 데 많은 역할을 할 것이다. 지난 2024년 12월, 오픈에이아이(OpenAI)에서 공개한 소라(Sora) 모델도 '불쾌한 골짜기'를 피하고 보다 사실적인 인물이나 배경을 구현하는 데 노력하고 있다.

이러한 과정을 통해 제작된 영화는 인공지능 기반 영상 분석 도구를 통해 장면을 자동 분류하고, 특정 기준에 맞는 클립을 빠르게 편집이 가능하다. 예를 들면, 영화에서 특정 인물이 나타나는 순간을 빨리 추출하거나 인물의 감정적 전환이 발생하는 장면을 자동으로 찾아 편집자의 수고를 줄여 준다. 이렇게 하면 편집자는 전체적인 편집 시간을 줄이고, 더 많은 영상 콘텐츠를 효과적으로 다룰 수 있다.

인공지능 기반 자동 색 보정

컴퓨터 비전은 색 보정 및 색 보강 작업에서도 혁신적인 툴로 사용된다. 색 보정은 촬영된 영상의 색상을 일관되게 맞추고, 특정 분위기나 감정을 표현하기 위해 색상을 조정하는 작업이다. 컴퓨터 비전은 이러한 과정을 자동화하여, 각각의 장면에 적합한 색감을 자동으로 분석하고 제안할 수 있다. 인공지능과 컴퓨터 비전 기술은 영상의 톤과 밝기를 분석하여 자동으로 색을 조정한다.

이러한 자동 색 보정은 특히 대규모 영화 프로젝트에서 수작업으로 이루어졌던 색 보정 작업의 시간을 크게 단축시킨다. 자동 색 보정은 일관된 비주얼 스타일을 유지하는 데 크게 기여하며 특히 시리즈물 제작에서 중요한 역할을 한다. 인공지능 기반 색 보정 도구는 전통적인 방식인 매 프레임을 수동으로 조정하는 방법에 비해 시간을 크게 절약하며, 향상된 알고리즘을 통해 영상의 품질을 일관되게 유지할 수 있게 해 준다. 예를 들어, 영화 제작에서 인공지능 색 보정 도구를 사용하면 제작진이 빠르게 일관된 시각적 스타일을 구현할 수 있어 시간과 비용을 절감할 수 있다. 이로 인해 관객은 시각적으로 안정적인 경험을 제공받으며, 제작 과정의 효율성도 높아진다(유세문 · 정석현, 2024).

영화에서는 같은 장면을 여러 번 촬영할 수 있는데, 이때 조명이나 날씨 등 여러 변수로 인해 색상이 일관되지 않게 나올 수 있다. 컴퓨터 비전 기술은 서로 다른 촬영 장면의 색상을 자동으로 일치시켜 자연스러운 전환을 가능하게 한다. 예를 들어, 각 장면을 촬영한 환경이 다를 경우 조명이나 배경에 따라 영상의 톤이 달라져 어색하게 보일 수 있다. 따라서 색상 맞춤 작업을 통해 장면 간의 색감 차이를 최소화하고, 영상 전체에 통일된 색조를 적용해야 한다(홍순성, 2024).

인공지능 기반의 시각 효과

한편 인공지능 기술의 발전은 시각 특수 효과 분야에서 중요한 변화를 일으키고 있다. 인공지능은 복잡한 비주얼 이펙트(visual effect)를 생성하고 실시간으로 효과를 적용하는 작업을 자동화하여 작업 효율성을 크게 향상한다(유세문 · 정석현, 2024). 인공지능은 이미지 인식, 객체 추적, 합성 등의 기술을 활용해 복잡한 시각 효과 작업을 자동화할 수 있다. 예를 들어, 인공지능은 장면에서 특정 객체나 인물의 움직임을 추적하고, 이를 기반으로 가상 배경이나 3D 효과를 정확하게 합성하는 데 도움을 준다. 또한 인공지능은 시각 효과의 품질을 높이기 위해 기존의 시각 효과 데이터를 학습하고 이를 활용하여 더 빠르고 정밀한 효과를 생성할 수 있다.

그리고 인공지능 기반의 시각 효과 생성은 영화나 광

고에서 복잡한 CG 장면을 구현할 때 유용하다. 예를 들어, 특정 환경을 디지털로 추가하거나, 배우 얼굴을 디지털로 변경하는 작업을 인공지능이 자동으로 처리할 수 있어, 기존의 수작업보다 빠르고 효율적으로 작업을 진행한다.

인공지능과 사운드 편집

인공지능 기반의 사운드 분석 툴은 자동으로 음성을 인식하고, 대사와 배경음을 분리하는 작업을 효율적으로 수행할 수 있다. 또한 인공지능은 음성의 톤과 발음을 분석해 더 자연스러운 사운드 믹싱을 가능하게 한다. 예를 들어, 영화나 드라마에서 등장인물의 대사를 자동으로 추출하고, 그에 맞는 음향 효과를 자동으로 배경에 추가하는 기술이 발전하고 있다.

인공지능은 데이터 기반 학습 능력을 활용해 대량의 오디오 데이터를 분석하고, 다양한 장르와 스타일에 맞춰 최적화된 믹싱 설정을 자동으로 제공할 수 있다. 이로써 특정 장르에 적합한 믹스를 손쉽게 생성하고 조정할 수 있다(이호은, 2024). 이러한 인공지능 기반 사운드 편집 툴은 촬영된 영상에서 사운드를 정확하게 추출하고 편집하는 데 유용하다. 그리고 이러한 툴은 배경 소음 제거나 음향의 품질을 자동으로 개선하는 데 획기적으로 도움을 준다.

참고문헌

유세문 · 정석현(2024). 『AI와 영상 제작』. 커뮤니케이션북스.
이호은(2024). 『AI와 기술 영상』. 커뮤니케이션북스.
정찬철 · 유태경(2020.11.19). AI, 영화를 (리)메이크하다. ≪인공지능타임스≫.
홍순성(2024). 『7가지 생성 AI로 영상 제작 & 편집하기』. 한빛미디어.

08
인공지능 시대의 영화 리터러시 교육

영화는 시대에 따라 흑백, 컬러, 사운드, 3D, 디지털 등 새로운 기술을 자발적으로 적용해 왔다. 이처럼 영화는 아날로그라는 올드 미디어에서 출발했지만, 결국 디지털 기술의 발전으로 다양한 뉴 미디어와 함께 새 형태의 플랫폼과 콘텐츠를 사용하고 있다. 따라서 인공지능 시대 영화 리터러시 교육의 범위는 매우 확장되며, 이 모든 과정을 창작 활동의 과정으로 인식하고 있다.

영화 리터러시와 미디어 리터러시

영화 교육은 미디어 교육과 매우 밀접한 관계를 유지하고 있다. 간략하게 정리하면, 이들 교육의 공통점은 다양한 매체를 다룬다는 것이다. 즉, 다양한 텍스트 읽기와 비판적 수용을 통해서 다양한 미디어를 제작할 수 있다는 것이다. 반면, 차이점은 영화 교육에서 영화는 예술로서 접근하고 미디어 교육에서는 영화를 여러 미디어의 하나로 접근한다는 것이다. 따라서 영화 교육은 미디어에 대한 생산과 수용뿐만 아니라 예술적인 가치 또한 놓치지 않고 있다. 이런 차이점에도 불구하고 영화 교육과 미디어 교육의 가능성은 인공지능 시대에 더욱 그 빛을 발휘할 것이다. 이와 같이 정의된 영화 리터러시(film literacy)는 영화를 중심으로 다양한 영상 플랫폼의 이해, 감상, 창작을 기본으로 하고, 더 나아가 새로운 미디어에 적극적으로 대처할 수 있는 능력을 키우는 데 있다. 즉, 영화 교육은 전통적인 영화를 중심으로 끊임없이 진화하고 있는 현재와 미래의 미디어를 이해하고 체계적으로 접근할 수 있는 교육이다(이아람찬, 2021).

BFI(british film institute)도 영화 교육의 범위를 정의하는 데 오랜 고민을 거듭하고 있다. 예전에는 영화 교육, TV 교육 등 미디어별 또는 장르별 구분을 시도했으나, 최근에는 영화 교육에서 영화만 한정하기보다는 영화 이외의 모든 형태의 영상 이미지를 담아내려는 경향을 보인다. 이것이 디지털이든 아날로그 형태든, TV, 인터넷, OTT 등 다수의 영역을 포함하고 있다(BFI, 2015).

이처럼 영화 교육의 개념은 그동안 영화적 텍스트에 한정되어 있었지만, 영화라는 텍스트를 뛰어넘어 다양한 형태의 플랫폼을 교육적으로 접근하기에 이르렀다. 그리고 영화 교육은 학생들이 영화를 비롯한 다양한 영상 플랫폼을 읽고 제작함으로써 비판적 수용과 예술적 향유를 할 수 있는 데 그 교육적 의미를 두어야 할 것이다.

디지털 미디어는 단순한 정보 전달 수단을 넘어, 인공지능을 활용해 개인 맞춤형 콘텐츠를 생성하고 추천하는 복잡한 정보 생태계로 진화했다. 즉, 디지털 혁신과 함께 인공지능이 일상 곳곳에 깊숙이 스며든 시대라고 할 수 있다. 이러한 변화는 미디어 소비 방식과 시간뿐 아니라 미디어 리터러시(media literacy)의 필요성과 교육 접근 방식에 새로운 과제를 제시하고 있다. 최근 개정된 교육 과정에서도 디지털 리터러시 또는 미디어 리터러시 교육에 많은 부분을 할애하고 있다.

이러한 미디어 리터러시의 중요성을 인식하면서 미디

어 리터러시의 정의와 범위를 확장했다. 소셜 미디어, 블로그, 유튜브와 같은 플랫폼의 등장으로 누구나 콘텐츠를 제작하고 배포할 수 있게 되면서, 미디어 리터러시는 정보 진위 평가 능력을 넘어 창의적이고 능동적으로 콘텐츠를 생산할 수 있는 역량까지 포함하게 되었다. 이는 미디어 리터러시가 수동적 정보 수용에서 벗어나 적극적인 참여와 창작으로 나아가고 있음을 보여 준다.

인공지능 시대의 미디어 리터러시 교육은 정보를 분석하고 해석하는 능력을 넘어서, 인공지능 기술의 작동 방식을 이해하고 비판적으로 평가하며, 디지털 환경에서 윤리적 행동을 실천할 수 있는 역량을 요구한다.

인공지능을 통한 영화 교육의 쟁점

인공지능 시대에 예상되는 영화 교육의 쟁점을 정리하면 다음과 같다.

창작 과정의 자동화

넷플릭스와 유튜브는 인공지능 알고리즘을 활용해 개인 맞춤형 프로그램을 추천하는 시스템을 마련하고 있다. 그리고 다양한 SNS에서는 자동화된 응답 기술과 인공지능 생성 콘텐츠가 사용자 경험에 중요한 역할을 한다. 딥

페이크 기술은 시각적 정보를 조작할 가능성을 열어 두며, 정보의 신뢰성에 새로운 도전을 제기한다. 인공지능 기술은 미디어 콘텐츠의 생성과 유통에 지대한 영향을 미치고 있다.

이처럼 인공지능은 콘텐츠 제작자가 잠재적 시청자와 효과적으로 소통할 수 있도록 돕는다. 인공지능 기반 챗봇과 댓글 시스템은 사용자 참여를 촉진하고, 제작자와 소비자 간의 활발한 상호 작용을 지원하여 더욱 몰입감 있는 콘텐츠 경험을 제공한다. 또한 인공지능은 사용자 질문에 자동으로 응답하고 피드백을 수집 및 분석해 플랫폼과 콘텐츠 개선에 활용할 수 있게 한다. 인공지능 기술이 발전함에 따라 사용자의 감정, 상황, 심지어 신체적 상태까지 고려하여 개인 맞춤형 경험을 제공하는 능력이 향상되고 있다. 인공지능은 사용자의 취향과 행동을 학습해 콘텐츠 검색 및 추천 시스템을 최적화하며, 사용자에게 관심사에 맞는 정보를 쉽게 제공함으로써 참여도를 높이는 데 기여한다(정용복, 2024).

이런 변화 속에서 영화 교육을 통해 인공지능이 콘텐츠를 생성하고 추천하는 방식을 이해하고, 이를 비판적으로 평가하는 능력은 필수적이다. 인공지능 툴이 제공하는 개인화된 정보 제공 방식과 추천 알고리즘의 작동 원리를 학습하는 것이 중요하다.

창작의 윤리와 규제

인공지능 기술은 국가와 사회에 긍정적인 영향을 미치는 점이 주목받아 왔다. 하지만 최근 이런 기술이 만들어낸 딥페이크로 인해 발생하는 문제는 단순하지 않다. 이는 개인적인 차원을 넘어 국가와 사회 질서의 근간인 민주주의를 위협할 수 있다.

특히 허위 정보로 인해 선거가 혼란에 빠지고, 갈등이 확대되는 사례는 국가적 차원의 대응이 필요함을 보여준다. 이에 따라 많은 국가에서 생성형 인공지능과 관련된 규제를 도입하며 문제 해결에 나서고 있다(김주희, 2024).

보호주의적 접근에서 벗어나기

우리 사회와 교육 현장은 디지털 미디어를 학습 방해 요소나 전통적 읽기를 저해하는 부정적인 대상으로 인식하며, 스크린 이용 시간을 줄이거나 스마트폰 등 디지털 기기 사용을 최대한 늦추는 보호주의적 태도를 보여 왔다. 이러한 안전과 보호를 위한 조치는 여전히 중요하지만, 어린이들이 자기 삶 속에 이미 자리 잡은 미디어와 적절히 관계를 맺고 현명하게 사용할 수 있도록 지원해야 한다. 또한 디지털 미디어가 재현하는 현실을 비판적으로 이해하고, 자신의 목소리를 낼 수 있도록 돕는 동시에 학습 도구로 활용할 수 있게 하는 것이 필요하다(정현선, 2020). 이러한 보호주의적 접근은 미디어의 부정적인 측면을 지나치게 강조하고 있으며, 이를 통해 미디어 이용자를 보호한다는 명목으로 사용되고 있다.

영화 교육의 범위 확장

영화 교육은 영화를 비롯해 다양한 플랫폼에서 제공하는 모든 이미지와 영상을 포괄하는 교육이다. 예를 들면 영화, TV, 애니메이션, 웹툰, 앱, 유튜브 등이 모두 영화 교육에 포함된다. 이를 위해 카메라, 스마트폰, 컴퓨터, 가상 현실, 드론, 3D 프린터, 인공지능 등 다양한 디바이스와 툴을 수업에 활용하고 있다.

이처럼 영화와 기술은 떼려야 뗄 수 없는 관계인 것이다. 그동안 영화는 시대에 따라 컬러, 사운드, 3D, 디지털 등 새로운 기술을 적용해 왔다. 영화는 아날로그라는 올드 미디어에서 출발했지만 결국 디지털 기술의 발전으로 다양한 뉴 미디어와 함께 새 형태의 플랫폼과 콘텐츠를 사용하고 있다. 따라서 영화 교육 범위는 매우 넓지만, 이 모든 과정을 창작 활동의 과정으로 인식하고 있다고 봐야 한다(이아람찬, 2019). 따라서 영화가 새로운 기술을 매번 접목하듯이, 영화 리터러시는 미래 사회에 대처하는 능력을 제공할 것이다.

참고문헌

김주희(2024). 생성형 인공지능 규제와 미디어 리터러시. ≪국제정치연구≫, 27(1).

이아람찬(2019.8.15). 4차산업혁명 · AI시대 대비 풀뿌리 영화교육이 필요하다. ≪매일경제신문≫.

정용복(2024). 『AI 미디어 리터러시 교육』. 커뮤니케이션북스.

정현선(2020). 인공지능 시대의 미디어 리터러시의 오래된 과제와 새로운 과제. ≪새국어교육≫, 125호.

BFI(2015). A Framework for Film Education, https://filmcentralen.dk/sites/default/files/docs/2021-08/bfi-a-framework-for-film-education-brochure-2015-06-12.pdf

09
인공지능과 영화 교육의 윤리적 쟁점

인공지능은 영화 제작과 교육에 혁신적인 변화를 불러오고 있지만, 그로 인해 발생하는 윤리적 이슈는 빈번하게 다뤄지지 않는다. 인공지능 기술이 영화 제작에 통합되면서 창작의 주체와 지식 재산권, 개인 정보 보호와 초상권, 콘텐츠의 진위성 등에 대한 논의가 필수적으로 언급된다. 영화 교육을 통해 이런 윤리적 쟁점을 다루고, 학습자가 인공지능 기술을 비판적으로 수용하고 윤리적 결정을 내릴 수 있는 능력을 마련해야 한다.

창작 주체와 지식 재산권 문제

인공지능 기술은 다양한 분야에서 혁신을 일으키고 있으며, 영화 교육도 예외는 아니다. 인공지능은 영화 제작, 편집, 시각 효과 생성 등 여러 과정에서 활용되고 있으며, 이러한 변화는 영화 교육에도 영향을 미친다. 인공지능이 영화 제작 과정에 통합되면서 창작의 방식이 달라지고, 영화의 내용과 형식이 재편성되고 있다. 그러나 이러한 기술 발전은 윤리적 문제를 일으킬 수 있다. 앞서 언급한 대로, 인공지능은 다양한 방식으로 영화 제작에 기여하고 있다. 예를 들어, 인공지능은 시나리오 작성, 촬영, 편집, 시각 효과, 사운드 등 거의 모든 영화 제작 단계에서 사용된다.

영화 산업에서뿐만 아니라 인공지능은 다양한 산업에 도입되어 복잡한 문제를 해결하고, 효율성을 높이며, 비용 절감 등 경제적 가치를 실현하고 있다. 하지만 인공지능의 발전은 예상치 못한 사회적 · 윤리적 부작용을 유발할 가능성이 있어, 신뢰할 수 있는 인공지능을 구축하기 위한 논의가 절실하다. 인공지능 활성화를 위해 잠재적 문제를 사전에 검토하고, 기술적 · 사회적 · 윤리적 측면에서 구체적인 논의가 이루어져야 한다. 특히 인공지능 윤리는 기술 자체보다는 인간의 윤리에 대한 논의라는 점을 명확히 인식해야 한다. 신뢰받는 인공지능을 실현하려면 기술적 접근뿐만 아니라 윤리적 · 사회적 관점에서의 합의와 효과적인 거버넌스 구축이 필수적이다(정도범 · 유화선, 2021).

한편 인공지능 알고리즘은 대량의 데이터를 분석하여 패턴을 찾고, 이를 바탕으로 콘텐츠를 생성하거나 수정하는 데 도움을 준다. 영화 제작자는 이런 도구를 통해 생산성을 높이고, 창의적인 아이디어를 구현하는 데 드는 시간과 비용을 줄인다. 특히 인공지능은 특정 장르나 스타일에 맞춘 콘텐츠를 자동으로 생성하는 데 유용하다. 예를 들어, 인공지능은 과거의 영화 데이터를 분석해 특정 장르의 장단점을 파악하고, 이를 바탕으로 새로운 시나리오를 쓸 수 있다. 특히 이런 기술은 저예산 영화 제작자들에게 큰 도움이 된다.

인공지능으로 전면 제작한 영화가 국내에서 처음으로 저작권을 인정받아 편집 저작물로 등록되었다. 이는 세계적으로 두 번째 사례로, 향후 생성 인공지능 저작물에 대한 중요한 사례로 남을 것이다. 한국저작권위원회는 2023년 영화 제작사인 나라AI필름이 만든 영화 〈AI 수로부인〉(2023)을 최종 편집 저작물로 인정했다. 〈AI수로부인〉은 심은록 감독이 시나리오를 맡고 나라

AI필름이 제작한 인공지능 영화다. 제작 과정에서는 GPT-4, 클로바 X(CLOVA X), GPT-3.5 등 대규모 언어 모델(large language model: LLM)을 사용해 시나리오를 작성하고, 미드저니(Midjourney), 스테이블 디퓨전(Stabel Diffusion) 등의 인공지능으로 이미지를 만들었으며, 젠2(Gen-2)와 디아이디(D-ID)로 영상을 생성하고, 클로바 더빙을 통해 목소리도 만들었고, 사운드로우(Soundraw)로 음악을 생성했다. 또한 저작권 문제를 해결하기 위해 유료 버전의 미드저니로 생성된 이미지를 리터치하는 등 다양한 시도를 했다(장세민, 2024).

이처럼 인공지능이 생성한 콘텐츠에 대한 저작권은 여전히 논란의 여지가 있다. 인공지능이 영화 제작 과정에 깊숙이 개입하면서 창작의 주체에 대한 논의가 활발해졌다. 이 문제는 영화 교육에서 중요한 주제로 다루어진다. 학습자들은 인공지능과 인간의 역할, 창작 과정에서의 책임, 그리고 지식 재산권에 대한 깊이 있는 이해가 필요하며, 이를 통해 창의적이고 윤리적인 영화 제작자로 성장할 수 있다.

인공지능의 윤리적 교육 필요성

인공지능은 언제 어디서나 쉽게 접근할 수 있는 편리함

과 효율성을 가지고 있다. 이와 동시에 인공지능 기술의 남용이나 오용으로 이어질 수 있는 위험성이 잠재하고 있다. 인공지능 기술이 영화 교육에 도입되면서 학생들에게 윤리적 문제에 대한 교육도 필연적이다.

특히 인공지능을 사용한 데이터 분석이나 콘텐츠 생성 과정에서 학생들은 윤리적 고려를 무시하면 발생할 수 있는 문제를 인식해야 한다. 예를 들어, 프롬프트를 이용해 기존 영화의 캐릭터를 재구성할 때 학생들은 원작의 의도와 맥락을 충분히 반영해야 한다. 만약 인공지능이 생성한 콘텐츠가 특정 인물이나 집단에 대한 고정관념을 지속하게 된다면, 이는 심각한 윤리적 문제가 될 수 있다. 따라서 영화의 창작 · 생성 스펙트럼에서 인공지능 활용과 관련된 윤리적 쟁점을 논의가 필요하다.

개인 정보 보호와 초상권

인공지능 기술이 영화 제작에 통합되면서 프라이버시와 초상권에 대한 우려가 점차 증가하고 있다. 앞서 언급한 대로 인공지능은 대량의 자료를 수집하고 분석해 개인의 행동 패턴을 학습하고, 이를 바탕으로 콘텐츠를 (재)생성하는 데 사용한다. 그러나 이러한 데이터 수집 과정에서 개인의 동의 없이 정보가 사용되거나, 개인의 프라

이버시가 침해될 가능성이 상존한다.

생성형 인공지능 이용자는 '기존 저작물과 같거나 유사한 산출물'을 만들어 냄으로써 타인의 저작권을 침해할 가능성이 존재한다. 특히 생성형 인공지능 구축에는 대량의 데이터를 활용하여 학습하는 과정이 필수적이며, 해당 데이터에는 기존 저작물이 상당수 포함되어 그와 같거나 유사한 산출물이 만들어질 수 있으므로 저작권 침해 위험성이 증가한다. 생성형 인공지능 이용자는 원하는 인공지능 산출물을 만들어 내기 위해서 입력하는 텍스트나 이미지, 오디오 등의 데이터가 타인의 저작권을 침해하거나 침해를 유도하지 않도록 유의해야 한다. 특히 이용자는 기존 저작물과 같거나 유사한 인공지능 산출물을 공연, 전시, 배포, 공중 송신 등의 방식으로 이용함으로써 저작권을 침해하지 않도록 각별히 유의할 필요성이 있다(박정훈 외, 2023).

시각 효과에서 주로 사용하던 딥페이크 기술은 영화 산업 이외에서 큰 쟁점이 되고 있다. 이 기술은 인공지능을 사용해 특정 인물의 얼굴이나 목소리를 다른 영상에 합성하는 기능을 가지고 있다. 첨단 기술이 우리의 일상을 혁신하면서, 딥페이크는 디지털 혁명의 상징으로 주목받기도 했다. 이 기술은 편리함과 무한한 가능성을 제공하지만, 그 이면에는 심각한 윤리적 문제와 사회적 위험이 도사리고 있다. 이처럼 딥페이크는 영화 제작에 매우 유용할 수 있지만, 개인의 동의 없이 사용하면 심각한 윤리적 문제가 발생할 수 있다. 인공지능이 생성한 콘텐츠가 관객에게 제공될 경우, 관객은 그 정보의 진위성을 의심할 여지가 커진다. 예를 들어, 인공지능이 생성한 다큐멘터리나 뉴스 형식의 유튜브 영상을 통해 허위 정보를 전달할 수 있으며, 이는 대중의 인식에 큰 영향을 미칠 수 있다. 공인의 이미지가 왜곡될 위험성과 페이크 뉴스 같은 허구성 문제 등은 영화 교육을 통해서 비판적으로 다뤄야 한다.

생성형 인공지능 저작권

문화체육관광부와 한국저작권위원회는 생성형 인공지능을 활용해 콘텐츠를 만들 때 인공지능 사업자와 이용자가 알아야 할 저작권 관련 사항을 『생성형 AI 저작권 안내서』를 통해 자세히 설명하고 있다.

이용자가 기존 저작물을 그대로 프롬프트 창에 입력하거나 그와 동일 · 유사한 작품의 생성을 유도하는 텍스트를 입력함으로써 기존 저작물과 동일하거나 유사한 인공지능 산출물을 생성하기도 한다. 그러나 이 결과물을 다시 인터넷에 게시할 경우, 복제권 · 공중 송신권 · 동일성 유지권을 비롯한 저작권 침해 문제가 야기될 수 있다고 이 안내서는 지적하고 있다(박정훈 외, 2023).

그리고 이미지와 영상의 경우는 이용자가 인공지능 이미지나 영상 제작을 위해 특정 이미지나 영상 그 자체를 무단으로 입력한 뒤 생성된 인공지능 산출물을 이용할 때도 복제권 등 저작권 침해 소지가 있음을 언급하고 있다. 한편 음악의 경우는 이용자가 인공지능 산출물(영상, 음악 등)을 만드는 과정에서 타인의 음악 저작물을 무단 입력하여 생성된 인공지능 산출물을 이용할 경우 역시 복제권 등 저작권 침해 소지가 있다고 제시하고 있다(박정훈 외, 2023). 이 가이드라인에 맞춰 영화와 관련된 텍스트, 이미지와 영상, 음악을 사용하면 저작권 침해 문제에서 보다 자유로울 것이다.

참고문헌

박정훈 외(2023). 『생성형 AI 저작권 안내서』. 한국저작권위원회.
장세민(2024.1.4). 국내 생성 AI 영화 '저작권 첫 인정'. ≪AI타임스≫.
정도범 · 유화선(2021). 인간과 인공지능(AI)의 공존을 위한 사회 · 윤리적 쟁점. ≪KISTI 이슈브리프≫, 35호.

10
인공지능과 영화 교사의 미래

인공지능 기술의 도입은 영화 제작과 교육에 큰 변화를 불러오며, 영화 교사의 역할을 더욱 중요하게 만들고 있다. 영화 교사는 인공지능 기술을 사용해 학습자가 다양한 인공지능 기술을 익히고 비판적 사고와 윤리적 이해를 발전시킬 수 있도록 이끈다. 인공지능과 영화 교육의 융합은 창작의 새로운 가능성을 열어 주는 동시에, 윤리적 책임과 사회적 가치를 생각할 기회가 된다.

전통적인 영화 교사상

영화 교사가 되기 위해서는 영화의 교육적 가치에 대한 확신을 가져야 하며, 영화 분야에 대한 충분한 배경 지식과 학생들의 요구에 맞는 교육 방법을 결정할 수 있어야 한다. 또한 영화 교사는 학습자가 영화를 비평적으로 이해하는 것을 돕기 위해 학생들의 심리 발달과 인지 능력을 고려해야 하며, 교육적인 방법에 익숙해지고 이를 적용할 수 있어야 한다. 마지막으로, 영화 교사는 상상력과 독창력을 교수 · 학습 과정에 적용하여 학생들이 스스로 학습하도록 조력하는 역할을 한다(이아람찬, 2005). 그동안 전문직으로서 영화 교사의 특징은 다음과 같이 정리할 수 있다.

고도의 지식과 장기간 교육

영화 교사가 되기 위해서는 학부 과정에서 다양한 전공 교과와 교육에 대한 이해를 충분히 습득해야 하며, 영화를 연출, 편집해 본 제작 경험도 갖추어야 한다. 교직 과정 이수 예정자로 선발된 자는 교원 자격증 취득을 위해 교직 과목(11과목 22학점), 전공 과목 50학점 이상을 이수해야 한다. 교과 교육 영역으로 연극 영화 교과 교육론, 연극 영화 교과 교재 연구 및 지도법, 연극 영화 교과

논리 논술을 수강해야 한다.

자율성

영화 교사는 수업을 주도적으로 이끌며, 교실에서의 수업 영역은 교사의 고유 권한을 가진다. 영화 교사는 영화 읽기와 영화 제작을 중심으로 다양한 수업을 주도적으로 진행한다. 특히 이론과 실습을 모두 진행할 수 있으며, 국가 수준의 교육 과정을 기본으로 실제적인 수업을 구성할 수 있다.

고도의 윤리의식과 권한

윤리적인 측면이 부재한 교사의 권한은 학생들에게 어려움을 유발할 수 있으므로, 영화 교사는 교육 내용에 대한 이해와 함께 일정한 인성을 갖추어야 한다. 이와 관련해서 교직을 이수하기 위해서는 교직 적성 및 인성 검사, 성 인지 교육 등을 이수해야 한다.

지속적인 지식 습득

기술 발전에 민감하게 반응하고 적응해야 하므로, 변화하는 테크놀로지 상황을 직시하고 학습과 이해에 지속적인 노력이 필요하다. 이는 인공지능 시대에 특히 필요한 요소로, 영화 교사는 새로운 기술을 습득해 영화 제작과 수업에 활용하고 학습자에게 이를 안내할 수 있어야 한다.

사회적 책임

영화 교사는 교육자로서 사회적 책임을 갖고, 자신의 능력을 학생들과 나눌 수 있는 역할을 한다. 영화는 우리 사회의 현실을 매우 사실적으로 다루고 있는 예술로 사회적 현상에 대해 자유로운 토론을 유도한다. 교사는 영화를 통해 우리 사회의 문제를 학습자와 공유할 수 있다.

미래 영화 교사의 역할

미래 교사의 역할에 대한 논의는 최근 활발하게 진행되고 있다. 다양한 교육학자가 제시한 미래 교사의 역할을 정리하면 다음과 같이 네 가지로 구분할 수 있다(전제상 외, 2021).

수업 설계자

국가 차원의 교육 과정을 기반으로 교사가 교육 내용을 적극적으로 재구성하고, 적절한 교육 방법을 선택하고 적용하여 학생들에게 실천적 지식, 기술, 태도를 길러 주는 수업 설계자(class designer)의 역할이다. 영화 교사는 교육 과정을 바탕으로 수업 내용을 구성할 수 있으며, 인공지능 툴을 가지고 영화 제작 수업을 자유롭게 진행할 수 있다.

학습 촉진자

동기 부여, 코칭, 상담, 피드백 등을 통해 학생들의 자기주도 학습을 촉진하고 안내하는 역할이다. 영화 교사는 영화와 관련된 인공지능 기술을 단순히 가르치는 역할을 넘어 학습 촉진자(learning facilitator)로 학생을 코칭하고 상담할 수 있다.

협업 조정자

모둠 활동 시 이견 조율과 갈등 상황을 중재하여 학습이 지속될 수 있도록 돕는 협업 조정자(collaboration coordinator)의 역할이다. 영화 교육에서는 개인 작업뿐만 아니라 공동 작업도 함께 이루어진다. 이때 서로 협력하고 이견 조율 등 갈등 상황에 쉽게 노출된다. 영화 교사는 이러한 상황에 적극적으로 개입해서 중재해야 한다.

학습 관리자

학생의 특성과 학습 수준을 파악하고, 학습 현황 분석 및 개별 진도 관리를 통해 학생 개인별 학습 상황을 종합적으로 분석하고 관리하는 학습 관리자(learning manager)의 역할이다. 영화 교사는 평가를 통해 학생의 학습 수준을 파악하고, 이를 바탕으로 적절한 지도를 제시할 수 있다.

지금까지 언급한 미래 교사의 역할은 교사가 지식 정보의 제공자나 전달자가 아닌 학습 촉진자이자 코치로서 학생들의 변화와 혁신을 이끌고, 학습자 중심의 프로젝트를 관리하며 더 나은 성과를 창출하도록 돕는 튜터의 역할을 강조한다. 따라서 교사에게는 기존의 교과 전문성과 교수 능력 외에도 학생 및 학습 관리, 학습 촉진 능력이 필요하며, 새로운 교육적 시도를 위해 다양한 교과 내용과 콘텐츠를 연계하고 새로운 콘텐츠를 만들어 낼 수 있는 수업 기획 및 교수 설계 역량이 중요해진다(전제상 외, 2021).

인공지능과 영화 교육의 융합

1950년대에서 1970년대까지 8mm 아날로그 카메라를 통한 영화 교육을 시작으로, 1980년대부터 1990년대까지는 비디오카메라를 통한 영화 교육, 그리고 2000년대부터 최근 2020년대는 모바일 피처 폰과 스마트폰을 통한 영화 교육, 그리고 최근에는 인공지능을 통한 영화 교육이라는 개념까지 등장했다. 영화 교육에서 인공지능을 다루는 것은 단순하게 인공지능 영화 기술을 가르치는 것에 머무르지 않는다. 이러한 기술을 습득하는 것은 굳이 영화와 관련되지 않은 다른 곳에서도 충분히 가능하다. 이 부분에서 영화를 가르치는 교사의 역할이 중요하게 대두된다. 앞서 언급한 대로 교사는 단순 기술적인 측면을 전달하는 기계적인 역할만 하는 것은 절대 아니다.

인공지능을 활용한 영화 제작 교육은 학생들에게 창의력, 기술 활용 능력, 그리고 스토리텔링 능력을 동시에 키워 줄 수 있는 혁신적인 접근 방법이다. 이처럼 인공지능 기술은 영화 제작과 교육 분야에 큰 변화를 불러오며 영화 교사의 역할을 더욱 중요하게 만들고 있다. 영화 교사는 인공지능 기술을 효과적으로 활용하여 학생들이 필요한 기술을 익히고 비판적 사고를 발전시키며, 윤리적 문제를 이해하도록 이끌어야 한다. 또한 인공지능과 영화 교육의 결합은 새로운 교육 방법론, 협력적 학습 환경, 평가 방식의 변화를 요구하며, 영화 교사는 이러한 변화에 부응하기 위해 노력해야 한다.

인공지능과 영화 교육의 융합은 학생들에게 새로운 가능성을 열어 주는 동시에 윤리적 책임과 비판적 사고를 요구하는 복잡한 과제를 동반한다. 영화 교사는 이 도전 과제를 해결하며, 미래의 영화 제작자가 기술을 책임감 있게 활용하도록 돕는 핵심적인 소임을 수행한다. 결론적으로, 중요한 것은 어떤 인공지능 플랫폼을 사용하는 것이 아니라 인공지능을 어떻게 활용해 교육 과정을 강화할 것인가라는 문제다. 인공지능을 영화 교육에 적용함으로써 더 인터랙티브하고, 역동적이며, 개인화된 학습 환경을 조성할 수 있다(Gutierrez, 2024).

참고문헌

이아람찬(2005). 『영화교육론』. 커뮤니케이션북스.

전제상 외(2021). 『미래교육시대의 인간교사와 인공지능(AI) 교사의 역할 및 기능 정립 방향 탐색 연구』. 한국교육정책연구소.

Gutierrez, J.(2024.10.5). How AI is enhancing film teaching (And will AI replace film instructors?). *Film & Media Studies*, https://jonigutierrez.com/blog/how-ai-is-enhancing-film-teaching-and-will-ai-replace-film-instructors

이아람찬

목원대학교 창의교양학부 교수다. 동국대학교에서 영화 교육과 영화 이론으로 학사와 석사, 영국 사우샘프턴대학교에서 영화 이론으로 박사 학위를 받았다. 2001년부터 영화 교육에 관한 연구를 시작해 현재까지 다양한 영화 교육 담론을 만들어 가고 있다. 저서로는 고등학교 교과서 『영화와 삶』(공저, 2025)과 『영화 감상과 비평』(공저, 2018), 『영화교육과 영화 리터러시』(2021), 『중등 임용고시 연극영화 기출문제 해설서』(공저, 2021), 『영화교육론』(2005) 등이 있다.

오세섭

목포대학교 인문콘텐츠학부 교수다. 홍익대학교 교육학과와 한국예술종합학교 영화과를 졸업한 뒤 추계예술대학교에서 영상시나리오학 석사, 중앙대학교 영상학과에서 박사 학위를 받았다. 한국영화교육학회 편집위원으로 활동하고 있으며 영화 교육과 문화 예술 교육에 관한 연구를 진행하고 있다. 저서로는 『청소년 영화교수학습방법』(2022), 『중등 임용고시 연극영화 기출문제 해설서』(공저, 2021), 『청소년 영화교육의 이해』(2018), 고등학교 교과서 『영화 감상과 비평』(공저, 2018) 등이 있다.